廢墟美學

王鏡玲 著

[前言]

一再出現的慶典，一再逃避的理論

I.

一九七零年代進入國小之後，儘管住在廟會熱絡的南瑤宮彰化媽信仰圈內，幼年期經常和家人去廟會看熱鬧的印象，像被絕緣體隔絕一般地消失了。戒嚴時期國家意識型態所打造的「慶典」，佔領了當時所有的新聞媒體和學校教育，一直到一九八零年代師專畢業，這段期間我的學校教育裡，再也沒有台灣民間慶典的儀式、南北管音樂、廟會陣頭、勘輿、擇日、通靈者、命理學、農民曆…等等的接觸機會，這些民間慶典與相關知識體系，和台語一樣，消失在我的課本、課堂、校園裡。所有以母語爲主的傳統民間信仰體系裡的知識信念與歷史記憶，被最制式化的知識控制—升學考試給排除了。我在不知不覺中離開了我所生長的民間生活作息，接受自一九七零到一九八零年代脫離台灣現實的學校教育，並沒發現自己已成爲在地信仰文化的異鄉人。一直到我接受長老教會的基督宗教信仰，成爲基督徒後，才讓我眞正遇到和台灣傳統信仰文化衝突的生命現場。

大半生奉獻給黨外政治運動的父親突然過世，父親的死讓我對於基督宗教和台灣民間信仰之間，對於喪禮以及喪禮所引發的死後靈魂安頓的問題，起了種種疑問。那時，發現到自己師專五年所接受的教育理論和美勞藝術的訓練，無法回應我對生死的困惑，經過天人交戰一年之後，賠了師專公費，辭去工作，到神學院研究神學，探索宗教如何解答生命價值的人生課題。

那時並沒有想到，我已經進入基督宗教所掀開的、非常切身的宗教衝突第一現場。在一九八零年代後期，對台灣現況、文化價值、台灣人前途甚為關心的長老教會，對於台灣民間信仰與台灣人的宗教觀，卻依然停留在表層的接觸與敵意的距離。一方面想建立定根於本土、關心母語與多元族群文化的信仰實踐，另一方面卻逃避面對信仰本土化的「神觀」重構，逃避探討不同神聖力量之間的差異性、以及自身被中產階級化後的信仰瓶頸。我承接了長老教會對台灣本土關心的神學實踐，繼續探索基督宗教與其他宗教的衝突與會通的問題，因為那不僅是長老教會在台灣根本的課題，也是我個人探索人生價值的所在。

從輔大的天主教武金正神父的解放神學、長老教會阮昭明老師的音樂靈修，與聖本篤隱修院靈修實踐的啓發，讓我在研究台灣民間信仰的儀式現象時，增加很多「宗教人」宗教體驗上對照的機會。尤其透過林美容老師宗教人類學的田野調查訓練，與在輔大、芝加哥大學、與台大就學期間，對於Mircea Eliade神聖觀的鑽研，讓我重新和被戒嚴時期學校教育封殺的台灣民間宇宙觀接觸，和母語的重新學習。更重要的，是接收到被從國小到研究所的教育遺忘多年的文化母體，再度向我發出前所未有的靈性信號。

有機會在碩士論文階段遇到深藏不露的高人，從中國大陸來台隱居彰化的勘輿高人吳忠信先生，和台北樹林雷晉壇黃清龍道長，他們讓我對於中國宇宙觀的形上體系，與具體道教科儀上的體現，有了可以和Mircea Eliade的聖俗關係，互相對話的新座標，陰陽五行相生相尅的流變與相對的神聖觀，打開整體與無限的差異辯證。尤其從芝加哥大學一年半的異文化宗教學的研究環境，讓我看清被西方二手現代菁英教育支配下的台灣高等教育的貧困。對Mircea Eliade理論的借用與理論限制的探索，讓我得以看到多少貿然套用理論後對於宗教現象的扭曲。這幾十年來台灣的宗教現象研究，為何多數都只是拿來證明理論？為何現象不是挑戰理論，而只是幫理論抬轎的角色？於是在完成博士論文之後，我選擇了藝術創作所展現出的生命意境，尤其在這個變化迅速的台灣社會，當代藝術創作如何透過民間信仰作為創作泉源，來探索「現象」和我學習過的「理論」之間的關係。

II.

這本書裡的文章，含括了從2001年到2010年，十年間我所寫的文章(註1)。這些文章大多來自一個初衷：如何讓**現象**顯現時，可以意識到和理論之間互為主體的關係，而不是被理論的概念模式所扭曲。或許你會感到奇怪，理論和**現象**不是一體兩面嗎？為何理論反而扭曲**現象**呢？可曾想過，當理論不來自**現象自身**，而是外來的、企圖對既有**現象**強加闡釋的模式時，就已經冒著支配與扭曲**現象**的危險了。

1990年當我進行碩士論文時，發現**理論**自身的思維結構絕非普遍的，一旦跳脫**理論**原先的**現象**取樣範圍，**理論**所分析的**現象**，就可能和**理論**產生差距。Mircea Eliade的聖俗辯證理論，讓我在研究台灣廟宇神聖空間建構儀式時，理解到台灣民間宇宙觀所顯現的神聖觀，和理論之間的差距(註2)，體會到**理論**如何作為探索**現象**意義的第一階段，讓現象藉由和**理論**之間所產生的對比，讓**現象**展現原先隱而未明的意涵。

剛就讀博士班時，哲學系不支持我去做田野調查。當時，我還無法回應不同人文學門的研究方法劃分，是否合理，只好捨棄現象的田野調查，回過來專注在理論自身的開展與限制的探討。只是，問題並沒有解決，學哲學不用進行田野調查嗎？哲學的「田野」就是哲學家的著作和相關的註解文獻嗎？若是你要研究的，之前都沒人研究過，那請問你的知識來源從何而來？只是研究古往今來被研究過的哲學理論嗎？那，正在發生的、正在變化的這個世界和這個從正在思索的「我」所發出的問題呢？

指導教授也曾語重心長地提醒，提出屬於自己的問題、設法解決，這是博士論文的基本要求。其實，這不只是博士論文的基本要求，而是對所有求知者的基本要求。回想他像戰士一般命令的眼神，或許在那時他已經解決許多人生「問題」、歷經無數知識沙場上生死的搏鬥，如今輪到對新手耳提面命。我可以對「知識」提出什麼樣的問題呢?尤其是已經探索了十多年（到2000年寫完博士論文那時(註3)）的宗教現象與理論，什麼是最吸引我的地方呢？

那時，我才剛獲得大學專任教職，有趣的是，獲聘的理由有一半是探索十幾年所累積的稍受肯定的宗教研究心得與那幾年間的教學成果，另一半則是新任務--爲學校設計一門關於「文學與藝術」的課程。這項任務我一則以喜，一則以憂，雖然藝術是我尚未踏入宗教學研究之前的專業之一，但是自從將宗教研究視爲知識探索的主軸之後，對藝術的創作、賞析與研究，就退居到生活樂趣的陪伴了。所以，從2000年那個夏天起，我重新接觸了大約快十年沒有認眞翻閱的藝術書籍，重回看展覽、看劇場表演、看電影的生活，這些是我的生活樂趣，也是和學生們分享的思想創意的現場。而我接下來所研究的，無巧不巧地，迎向我的，竟是這段我以青春的熱力活過，卻彷若擦身過客的一九八零年代以來台灣風起雲湧的藝術千堆雪。

在從無到有、認識藝術家和藝術作品的探索過程中，我確定了以**現象**做爲意義顯現的主軸。若無法對**現象**做更進一步的闡釋時，再尋找相關**理論**，作爲繼續揭露**現象**意涵的對照面，盡量以藝術作品、藝術家本人與相關的重要創作伙伴，作爲資料來源。這種被藝評專家稱爲「田野」研究的方式，讓我有意識地和那些以**理論**凌駕**現象**、支配**現象**詮釋的研究態度，稍微保持距離。**理論**必須透過**現象**作爲折射的軸心重新整合，而非**現象**被不同的名牌**理論**瓜分切割，淪爲**理論**的俘虜。

III.

慶典最吸引我的地方，是我在本書〈慶典美學與中元普渡〉一開頭所寫的：

死亡從來就不是終結，死亡是活著的每一個生命永遠想逃離又直逼過來的威脅，是斷裂與終結，也是自由與新連結。慶典釋放了生命因爲死亡的斷裂所帶來的絕對虛無，讓死亡成爲新的肉身連結點。不知是死亡以虛無的暗夜，照亮了慶典眾聲喧嘩裡的生機，還是透過慶典肉身鏡面的濃縮，折射出死亡令人顫慄又魅惑、最親近又最遙遠的切身觸感。慶典的肉身顯現在宗教儀式的鏡面之中，也顯現在藝術作品的鏡面之中。

貫穿本書的這五位藝術家—洪通（1920-1987）、黃進河（1956-）、陳明才（1961-2003）、吳天章(1956-)、林麗珍(1950-)，他們的藝術創作彷彿照妖鏡一般，讓我意識到自己所處身的知識論述圈，迄今依然受困於琳瑯滿目、還來不及消化的舶來品理論，儘管這種被稱爲「台灣意識」的土洋爭論，早在一九七零年代就曾經熱烈論戰過。但有不少和現實疏離的舶來品理論，迄今依然強有力地主導目前的台灣學術圈，以理論的「疏離」感，來掩飾自身在意識型態（階級、性別、族群、國族）爭戰上的曖昧與逃避。

這本書裡的藝術家與藝術作品搓破了某些論述者，自認爲可以「去」族群、「去」疆界、「去」政治化、遊走於台灣存在處境之外的虛假意識。藝術家向現實土壤深沈的扎根，讓他們所伸向藝術穹蒼的創作枝幹，繽紛茂盛。可惜台灣的儒、釋、道與其他傳統的中國知識體系，因爲歷經日本的統治、民國的動盪，西學的強勢入侵，加上中國與台灣兩岸政治力對思想的嚴格控制，以致於產生嚴重的思想斷層，還無法展現應有的時代感。對於歷史與社會現象的研究，也因爲需耗費長年累月的人力物力，以及研究者們或者困於意識型態上的限制，或者忙於應付學術生態短視近利的研究業績壓力，讓很多研究者無法長期紮實地進行知識田野的探索，只能抱住第一手或二手的歐美知識理論體系，套用與拼裝到社會文化現象的研究，以致於仍難跳脫歐美人文理論代工產品的劣勢，影響了對於台灣知識主體性的開展進度與強度。

在台灣長期對於美國政治與經濟雙重倚賴的影響下，這些歐美人文學理論所形成的知識霸權，被目前台灣主流的學院論述圈，視爲準則與眞理，以致於一旦沒把名牌理論穿插於研究論文的字裡行間，進行鋪陳與堆疊，就可能因「理論化」不足、欠缺理論深度，欠缺對學術行規的效忠而遭「劣退」，彷彿服膺另一種學術戒嚴的檢查制度。這一群慣於將名牌理論套用到其他人文社會現象的文化研究者，沒有意識到「差異」理論最大的「差異」提醒，不就在「理論」霸權挪用的合法性嗎？名牌理論自身也無法輕易地普遍化與整體化，必須警覺到理論自身的價値觀與現實脈絡的限制，以及所要分析套用的對象，其實況所具有的主體性。

或許因爲我所研究的現象，不斷地向我揭示理論體系之外的現實，尤其當牽涉到更根本的宇宙觀，例如對於神、祖先、時機、地理、肉身、靈性、命運…等等之間的信仰詮釋與社會階級意識時，和我所學的理論之間，有相當明顯的差異。這些不斷提醒我不是活在一神信仰與反一神信仰的對抗之後，所展現的「現代」與「後現代」的歐美知識戰場，我們必須更審愼地檢視，被強勢外來知識權力宰制與啓發之下的現實感和切身性。歐美的知識理論提供了讓現象顯現的線索，但不是硬把現象塞進去的框架，歐美的知識理論提供我們，對理論進行更多時空現實條件的變動與轉換，這種轉換是從現象的互動過程中，去重新探索知識的朗現與隱藏的關係。

所以，我冒著危險，冒著面對被名牌支配而扭曲現象的危險，也冒著失去名牌理論做後盾的單薄與貧困。每一位藝術家都像是一顆獨特的星球，我進入一趟前所未有的眞實與想像、崇高與禁忌、恐懼與吸引的冒險之旅。有時像進入不可知的靈魂戰場，有時又像遊樂場。有時像在沙漠、有時在迷宮、在汪洋、在天際、在地底。和美的靈魂共舞有時是致命的，但危險卻是靈魂脫胎換骨的機會。可以新，可以老；可以原始，可以前衛；可以人性，可以物性；可以色，可以空。

IV.

很慶幸這十多年來在所擔任教職的環境裡，遇到一群群自覺或不自覺地對學院知識保持距離的年輕學子。他們多數在成長過程中，對學校制式化的功課不感興趣、甚至反感，經常以他們對於知識本能式的好惡，逼使我回到知識合法性最基本的戰場：怎樣的知識可以打動人心？如果你所教的知識都無法打動你自己，如何去打動學生呢？那些號稱名牌理論的專業術語，如何透過解碼與活用，擺脫雲深不知處的理論化迷宮，從指月之指再回到月亮本身，一窺星月爭輝之眞？眞正有用的不是在巍峨高聳無止境的理論迷宮裡，當一名薛西佛斯式的理論搬運工，拼命製造搬運的業績，卻無法走出迷宮，成爲眞知的傳訊者。年輕求眞的靈魂，激發我看到被櫥窗化的進口理論長期支配下的思想貧困，以及如何回到理論與生命現象向我們揭露的思想源頭。

最後，改寫一段之前寫的文字來作爲不是結尾的結尾：

既然要進入一位被歸爲觀者加評者的身份，那麼，有哪些評論者的姿態，曾經在過往記憶裡出現過呢？有些論者經常帶有駕馭或征服對方的野心，通過語言或文字槍林彈雨的論述，彷彿藝術現象就被征服了，變成像戰利品一樣。

有些論者則以醫生診斷的姿態，讓論述彷彿X光穿透、手術刀解剖、將藝術現象醫治清理，彷彿「現象」經歷了一番高科技精密儀器般的檢驗認證。也有些論者像考古學家，上窮碧落下黃泉，企圖還原藝術現象當初誕生時，尚未被後來時空環境加料的作者原味。

另一方面，有些評論可能只是寄生蟲、煙霧彈、照明彈、或甚至是饕客，它們奮力呑食、入侵藝術現象的豐美，來滋補貧乏的自己。也有些則像零售商、中盤商、仲介廣告商，透過論述拉抬藝術現象在學術拍賣市場上的交換價值，換取論者在所處身的競爭與合作的群體內更多的權力。

在此，我還想到一種，那就是一種面對面貼身的共舞、對決或者競爭的關係。不過，終究在時間的涓涓細流裡，或許藝術現象兀自挺立、兀自枯萎，它們和這些論述之間若即若離，各取所需。當然在若即若離的關係裡，可能還有其他難以道盡的辯證關係。

以上這些臆測可能只是個人管中窺豹，但也可能在這些我所臆測的現象裡，其中某些眞得像火箭一樣，把藝術現象所展現的光彩推向時代的舞台。如果論者眞的能把那隱而未顯的藝術現象的光輝射向時代舞台，那或許也正是藝術現象的光輝，點燃論者個人生命裡尚未被點燃或正在點燃的靈性火苗之際吧(註4)。

眞正的人生劇場沒有觀眾，大家都是演員，都玩眞的，也唯有玩眞的，生命只能玩一次，每一次都全力以赴。劇場總是可以謝幕後再重新來過，人生劇場只能一次。這就是你我目前躲在觀眾席的人生，因爲你我不知道自己要怎麼在知識江湖裡保有眞我，所以繼續逃避，繼續玩與被玩。但別忘了，慶典美學讓我們有「再來一次」的生命激情，不斷地超克自己的意志，讓生命成爲掙扎、成爲變化、成爲終點的自身，以及來到終點的新起點。

獻給
先父 王燈岸先生
母親 黃玉珠女士

＊本章注釋

1. 這些文章寫了十年多是有些原因的。像黃進河和陳明才，之前沒有什麼研究資料，格外刺激，也格外艱難曲折。加上藝術家特殊的性格與不在人間這兩種難以克服的挑戰，以致從2002年到2007年這六年多的時間，除了學校教學之外，如何在台灣各地蒐集更多的資料，去思索這兩位藝術家所引發的相關議題，變成生活主軸。因黃進河的引介，而深被吸引的中元普渡，每年才一次，所以近十年來，淡水福佑宮、蘆洲湧蓮寺、台北市大龍峒保安宮、台中市建國市場、彰化市民權市場、花蓮吉安勝安宮、花蓮吉安法華山慈惠堂….，不被認定為國定假日的台灣最重要民間慶典，我以親身參與來致敬吧。還有，藝術家林麗珍，認識她的十年間，等候她代表作的首演與再度演出：2000年《花神祭》和2009《觀》，以及再度演出的2006年《醮》（1995首演），從認識她、想寫她的劇場，零星寫過隨筆，但到真正累積出一點點東西來，也超過十年了。

   只能說，我個人的寫作速度註定像卡夫卡筆下那位一直奔跑、但永遠跑不到終點的傳信者。更為難的是，我在2008年之前，每學期有五到六門不一樣的課程，學期中80％以上的時間都在準備教學。寫研究文章需要專注，但作息時間一再被切割。何況，和學生相處交心，有更多難以數算時間的牽掛。每當好不容易累積幾個寒暑假寫出東西來，卻面臨教育部五年以上文章升等不算的恫嚇。教育部的決策者似乎還沒有發現，有人願意花畢生的心血，只為不斷在「完成」與「未完成」的辯證運動中朗現自己的理想。這種研究的價值，不是五年或七年這種量化評量政策可以理解的。

   2007年我申請留職停薪一學期，犧牲薪水去換取時間，來稍微解決想寫作卻一直無法全心去寫的焦慮與遺憾。只是，從2007年升上副教授之後，系上因為面臨學校市場越來越嚴苛的挑戰而轉型，從那時起到現在，我每學期依然平均五門不一樣的課，一門新開的課。即便我樂於研究和教學的相輔相成，但面對大學部各行各色的年輕學子，和面對臥虎藏龍的專業讀者，畢竟不同，所以，這本書就在不斷爆肝邊緣，驚險地完成。

   此外，這本書裡所有的文章，從研究到出版沒有任何國家經費上的補助，原因來自我個人的思考方式，無法符合申請國家經費的書寫格式。另一方面，可能我的研究夠邊緣、夠冷門，冷到審查者難以理解研究的價值。所以曾經因學校「國科會名牌」業績的壓迫、以及研究經費的拮据之故申請過幾次，發現「道不同，不相為謀」，之後就不再申請，繼續承擔學校威脅利誘的壓力與煎熬。但這些，跟那些終生默默地靠自己拮据的經濟力，奉獻給自己理想的賢者與智者相較，我的小小努力在浩瀚的真理天地裡，也只是一隻菜鳥的飛鴻雪泥罷了。

   最後，這本書得以順利出版，非常感謝李世偉先生的出版社引介，張加君小姐、吳寧馨小姐、黃翠涵小姐在文編與美編上的協助，以及難以數算的朋友們的寶貴建言。

2. 詳見王鏡玲，《臺灣廟宇建構儀式初探—以艾良德(Mircea Eliade)神聖空間建構的觀點》，輔仁大學宗教學研究所碩士論文(1991.6)

3. 詳見王鏡玲，〈神聖的顯現：重構艾良德（Mircea Eliade）宗教學方法論〉，臺灣大學哲學研究所博士論文（2000.6）

4. 改寫自王鏡玲，〈窮神變、測幽冥—黃進河《寶島系列》的視覺美學〉《現代美術》第127期（2006.08），頁68

慶典美學

目錄

美學變貌的未竟之志？——蘭陽舞蹈團《聽花人》

非緩之緩，非空之空——無垢舞蹈劇場的美學身影

慶典美學與中元普渡

無所不在的變臉
——洪通的圖象劇場

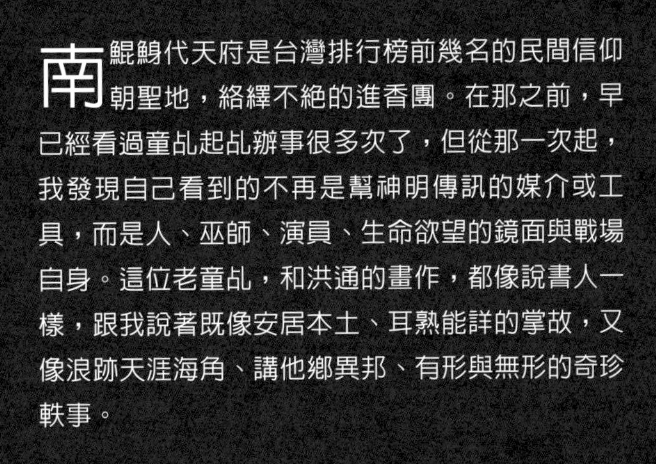

南鯤鯓代天府是台灣排行榜前幾名的民間信仰朝聖地，絡繹不絕的進香團。在那之前，早已經看過童乩起乩辦事很多次了，但從那一次起，我發現自己看到的不再是幫神明傳訊的媒介或工具，而是人、巫師、演員、生命欲望的鏡面與戰場自身。這位老童乩，和洪通的畫作，都像說書人一樣，跟我說著既像安居本土、耳熟能詳的掌故，又像浪跡天涯海角、講他鄉異邦、有形與無形的奇珍軼事。

眼前這位年近七旬的老童乩，步履蹣跚，聲音沙啞到難以辨識，遲緩而老練地操五寶，沒有一般童乩的生猛火力，卻簡潔到位，鯊魚劍召喚出血光，從他的背脊奔出，彷彿集結待命的兵將。和洪通畫境中蒙太奇式地交融：若隱若現的黃綠色細線，像蛛網、像筋絡、繩索，操弄現場韻律，讓那些群眾不由自主地隨他起舞。但圍繞著他作各種旋轉姿態的那些人神不分的觀眾，像是希臘悲劇裡看穿並預告主角苦難始末的合唱團。個個臉「色」不同、表情詭異、古今中外難分，降靈會的熱鬧充斥著驚訝、猜忌、危險與不可知的命運恐懼。

這位率領靈界兵馬歷經數十寒暑的老將軍，被四周鑼鼓鞭炮喧天、敬虔信徒與騷動群眾所包圍。老童乩有「庖丁解牛」的自若，彷彿穿梭時空，恩怨生滅，了悟於心。我被那位舉止罕見風霜的老童乩迷住，哪一種迷啊？迷戀自虐、迷戀滄桑的內斂、迷戀儀式現場讓人去老還童，外加戀父情結，還有嗎？再加都市佬的覺醒與知識菁英的幻覺。第二天，把前一晚的中暑推到一邊，殺到新營去找他。儀式外的他，靦覥而衰老，聲帶受損，無法正常言語，不識字，沒有人知道，儀式裡和儀式外，哪一種才是真面目。

無所不在的變臉—洪通的圖象劇場(註1)

北門南鯤鯓代天府旁，走進蜿蜒的村落窄巷內，看不到洪通故居、看不到這位畫家曾經門庭若市的光景，也看不見被世人遺忘後的蕭索痕跡(註2)，迎接來者的，只有南瀛的豔陽與翠綠花簇的沈默。難道沈默正是一種弔詭的回應方式？一種界乎消失滅絕與蓄勢待發之間的紀念形式。

或許，眞正的紀念不是重複過去，而是創造未來。

正當我開始被這位畫家的作品吸引時，我其實已經被時間的風暴從懷舊的地窖底、襲捲到可以眺望鄉愁反面的高原平台上了。在這樣的高原上，讓我得以俯瞰被時間所吹落的懷舊意義殘骸，以及找到即將在鑼鼓聲中重新亮相的洪通圖象劇場的入口…

南鯤鯓老靈魂傳奇

說書人有兩種：一種是安居本土、講自家人最耳熟能詳的掌故，一種則是浪跡天涯海角、講他鄉異邦的奇珍軼事(註3)。若要問爲什麼要一再地說故事呢？這就來到一個人活著最根本的關懷所在：不管是講自己的還是講別人的故事，都想要以敘述的接力賽來對抗失憶、對抗死亡與虛無、對抗一去不復返的直線型時間觀。

洪通，這位南鯤鯓的隱士，靈活地結合了這兩種說書人的角色，用一齣又一齣的圖像劇場來挑戰線型時間，將時間從一般歷時的（diachronic）單一路線中拉出來，以非透視法的共時性構圖，描繪出既道地、卻又域外的老靈魂傳奇。

這種共時性的圖象結構，將繪畫從單一事件的時空凝視，轉換成一場接一場非因果關係的想像跳接舞台。洪通的圖象讓觀畫者體悟到：記憶從來就不只是「一」種整體，記憶就像虛實相生、流動中的「臉」，在不同時空歷史的介面裡交合、解散、重新組裝。這裡頭既是一種把自己往內掏空的根源式認同，也同時是另一種透過向內挖深，所衍生出向外發射的去疆界化想像，讓那些蔓延在記憶深處尋找自我同一性的根鬚脫胎換骨。

在洪通的圖象劇場裡，時間彷彿脫臼了：日復一日、平淡無奇的現實時間感暫時退位了；旗幟鮮明、楚河漢界的中國、台灣或西方編年史與地域性的世界觀被撕開了；歷時性的、先後連續的、文字傳統所打造的線性變遷的臍帶被剪斷了。

洪通以最自我耽溺式的獨白，拉出「我」和現實世界之間最大的時差，同時在這樣的時差縫隙內，把自己生命長河像煙火般地點燃、綻放滿天。這種向內掏深的「我」，不再是個別獨特的人性亮光，而是同時從「小我」的疆界偷渡，潛入個別的觀畫者自身宇宙記憶的洞窟入口，重新點燃觀畫者在他夢境幻想的開端，那一處屬於人與宇宙同進同出的生命光源。

圖1、119 x 37 cm；127 x 37 cm 紙、彩墨。洪世保、郭秀霞夫婦提供

時間脫臼了，卻被洪通畫作裡那無所不在的「臉」給接了回來。「臉」是時間永恆的鏡面，「臉」作爲身份的安定與漂泊、肯定與僞裝、苦難與解脫、自我與他者之間辨認與轉換的載體，取代了單一敘述結構的因果關係，「臉」穿越各種年齡、性別、階級之間的縫隙、以及人與天地宇宙不同物種之間靈性感應力的藩籬（圖1）。

這種穿越不同生命的力量，也正是洪通從台灣民間宇宙觀當中，找到能量變換的邏輯。當過童乩的洪通知道，當童乩或靈媒被附身時，他們雖然脫離原先的「我」的身份，進入另一種超越自身的人格與意志的聚合體，但他們並未脫離人間，反而更洞察信者的禍福。

進入出神狀態的靈媒，緊密關連著個人或集體的現在到未來、過去到現在的安危，然後以超自然的授權代言者身份，調解各種因果應驗的秩序。畫家和靈媒在洪通的生命中合而爲一，他將這些個人命運休戚與共的信仰符號，從指向個別生命現場的吉凶禍福，拉向更寬廣、多樣的新肉身圖騰象徵系列。

洪通的多神與萬物有靈的宇宙觀，化身成無所不在的「臉」，在肉身互通的圖象當中，讓人與周遭的事物「發生關係」，不只是人與人、也是人與生物、無生物的轉化關係。「臉」不只屬於人的專利，「臉」是人與萬物之間互相拉攏或拒斥的慾望舞台。

地有臉、天有臉、文字有臉、花草蟲魚，觸目所見，都有臉，這些臉熱情、冷漠、親切、陰森、有愛、有恨，可以穿梭宇宙記憶的永恆童年，也可以切割、拼裝此時此地你我疲憊麻木的各種感官機能。洪通的「臉」不是中性的幾何圖形，而是一種作爲「在……關係」之中慾望的召喚。

圖2、136 x 69cm，紙、彩墨。洪世保、郭秀霞夫婦提供

創世紀眾生劇場

如果《山海經》是一部天地山河的文字神話，那洪通的畫作則是另一部女媧補天、夸父追日、與天地山河合一的圖騰神話。在畫作裡，洪通將那些「臉」的故事，分裝成一塊塊鳥瞰式的地圖、一塊塊不規則的記憶變身秀的伸展台（圖2）。

面對二度平面空間感的圖象，觀畫者卻可以作近、遠、俯視、平視、仰視的多重視覺移位，這不正是圖象說書人已經洞察到記憶可以變大變小、忽隱忽現、得其意而忘其形的肉身逍遙遊嗎？花鳥蟲魚人獸，可以活綳亂跳在那個像樹幹、通路，又像銘刻在身體表面的紀念圖騰，從一個夢跳接成爲另一個夢，不同情節之間，完全被鋪排在一種任意性的積木戲耍趣味裡。

這種對觀畫者而言的偶然性，卻是創作者生命軌道裡再三流連的橋段，公雞啼，魚戲水，說書者不正是以日出而作、日入而息的鄉野、邊陲、童年擺設的一場賭局，邀請觀畫者自己拿出記憶與幻想的本錢，一起對命運下賭注。

洪通畫作裡各種不按牌理出牌的偶然性，並不表示他專注於剎那的不確定感，相反地，他大部分的畫作所追求的是一種非時間性的安定感，無所不用其極地想把時間留住，想以強大的幻想所衍生的萬花筒，推開那些生老病死、耗損青春、耗損生產力的現實時間。把時間分成兩組互爲表裡的實驗，一邊是流動的偶然性，另一邊則是將流動的偶然性改裝成每一個剎那的停格，讓每一個剎那變成「不動的能動」。

而那些無所不在的「臉」，則像是伶牙俐齒的發射器，從「一」分裂出去、跳脫現實的彈道，鑽進每一位觀者的心靈，開出一道時空錯置的解離記憶缺口，在缺口中，找回人類原初的宇宙童年、神話源頭的「家」。這種應許的實現並非來自眞正地參與宗教性的降靈會，而是讓自己與說書人一同進入那場孕育眾生的創世紀劇場。

故事一千零一夜……

在洪通畫作裡，假面與正面是重要的主角，配戴假面可以變更原先的身份，進入另一種與神聖世界溝通的角色。洪通畫作裡的正面圖騰或「臉」，和傳統民間藝術中假面或臉譜的效果相當，戴假面者看得見別人的表情，卻不被別人看見假面下的表情，表現多重身份的神秘與隱藏性。假面揭示一種擬似、變形、僞裝、遮掩、濃縮的身份，往返於自我同一性的邊界。戴上假面，有時像潛進深沈的夢境當中，反而比沒戴假面時，更接近慾念的核心。

正面、側面與背面不只是日常一般的姿勢，「正面」尤其象徵著命運「中心」的定向，每一個假面都是一種正面，彷彿以記憶與想像打造而成、欲蓋彌彰的慾望堡壘。正面可以是神、可以是人、可以是動植物、可以正、可以邪、可以是道場聖所，也可以是遊戲場。

洪通的作品一方面以不同的正面佈局，將假面下的生老病死的肉身陰暗面藏匿起來。另一方面，藝術家自己則穿梭在不同的「臉」之間，把陰暗偷渡出去，讓無所不在的「臉」，成爲畫家自己所化身的大小宇宙，開天闢地、穿越一關又一關生命禮儀的考驗，讓精神之鳥棲息在永恆不變的正面裡，跳脫肉身無常的威脅。

正如假面一再被戴上卸下，洪通反覆地畫出一個又一個的臉，像是一場又一場一千零一夜的故事續篇，藉說故事來制止或延遲死亡，讓看畫者的夢成爲畫家生命的延伸，伸向未來，也伸向那個生死同時萌芽的宇宙神話開端。

最後，我們以一幅畫面來作爲本場次的謝幕（圖3）。一個擬似廟會慶典現場的氛圍，觀眾分不清楚是人、鬼怪、或天神地煞，熱鬧的「人」潮捲入一種奇特的能量噴射、群魔亂舞的儀式場。那個貌似起乩狂舞的戴藍底怪誕假面、穿繽紛「圖騰」服者，腳著古裝戲服高靴，踩在文字畫鋪排的地面上，像壓住一隊隊蠢蠢欲動靈符的神話英雄。

圖3、82.5 x 62.5cm，紙、彩墨。洪世保、郭秀霞夫婦提供

從他身後發散的若隱若現的黃綠色細線，像蛛網、像筋絡、繩索，操弄現場韻律，讓那些群眾不由自主地隨他起舞。但圍繞著他作各種旋轉姿態的那些人神不分的觀眾，並非事不關己的旁觀者，相反地，他們像是希臘悲劇裡看穿並預告主角苦難始末的合唱團。個個臉「色」不同、表情詭異、古今中外難分，降靈會的熱鬧充斥著驚訝、猜忌、危險與不可知的命運恐懼。

當構圖佈局的視覺韻律感從面向觀畫者的藍臉主角爲中心，向左右、上下、前後散開時，作爲觀畫者的我們，剎時也走進了合唱團的隊伍，新一輪生命史的奧秘即將再度掀開。

本文的完成感謝周渝先生、郭秀霞女士、洪世保先生、宋文里教授、高燦榮教授、盛鎧先生、莊靈先生、陳月香女士，感謝林景堅先生在作品攝影上的協助。

＊本章注釋

1. 本文曾獲第三屆帝門藝評徵文獎優選，2002年1月26日刊登於《中國時報》人間副刊/《今藝術》2002年2月號。
2. 參見1976年三月十日起一個月間的台灣各大報紙（中國時報、聯合報、中央日報、中華日報、台灣新聞報、台灣新生報、國語日報）。盛鎧，〈邊界的批判—以洪通的藝術為例論台灣藝術論述中關於分類與界限的問題〉，中央大學藝術研究所碩士論文（1998.6）。《雄獅美術》雜誌，1973年四月號，《藝術家》雜誌1976年三月號、1987年九月號，《典藏藝術》1996年二月號。《樸素之美》錄影帶第一集「導論：畫圖為了爽快—洪通」（台北：廣電基金節目錄影帶，1992）
3. 本雅明（Walter Benjamin），《啟迪：本雅明文選》(Illuminations: Essays and Reflections)，漢娜・阿倫特(Hannah Arendt)編，張旭東、王斑譯，香港：牛津大學出版社，1998，頁78—79 。

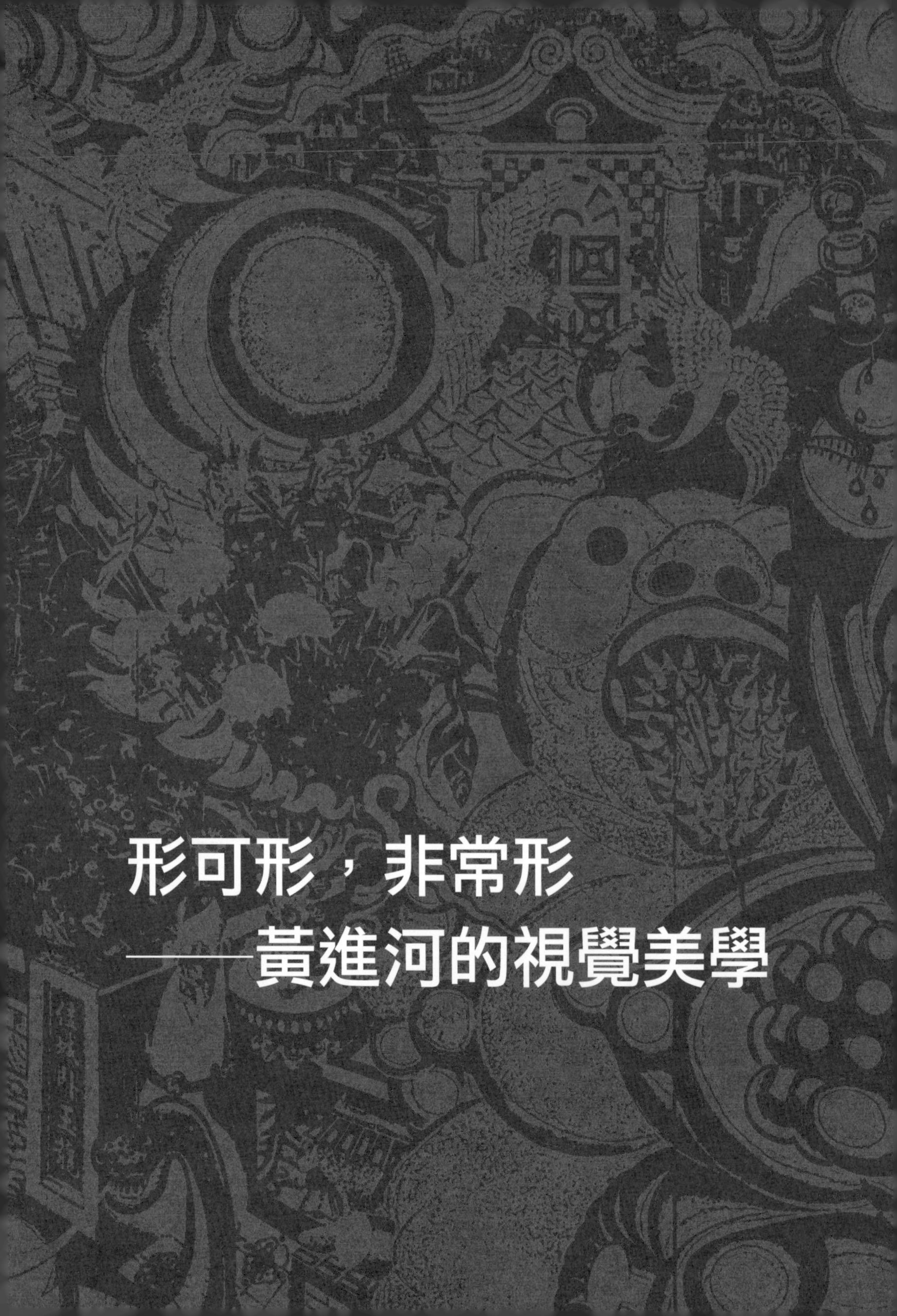

形可形，非常形
——黃進河的視覺美學

比較一下一件作品按原尺寸縮小20倍與放大20倍之後的視覺效果，一幅815公分長、400公分寬的油畫真跡，變成畫冊上38公分長、19公分寬之後所產生的視覺閹割。這是活在機械複製時代的人們，經常忽略的複製比例所造成的視覺落差，連帶地也導致對原作想像的惰性。你一定要記得，像洪通與黃進河這類的藝術家，親睹他們的鉅細靡遺的真跡，絕對值得，就像朝聖之旅，不可能看照片就達到吧。所以絕非縮小在這本小書小圖可以交待的。

那天我在日記寫著：想像力「還原」吧。想像走到黃進河畫展場地，迎面是畫布上矗立在面前數尊快一層樓高的龐大肥腫的金光男女體，像印度那些暴力嗜血的神祇、無敵鐵金剛或木蘭號的機械身、像農曆七月普度時青面獠牙的鬼王，也像宮崎駿《神隱少女》裏頭那些在湯婆婆休閒度假中心享樂的鬼神們。他們站在金光閃閃的禪寺、KTV或理容院門前，皮笑肉不笑地（或者眼睛成廉價紅心狀的肉麻）看著正準備走進去的人。藝術家把在台灣社會上四處流竄的欲望停格，推向最嘉年華、最明目張膽的神龕舞臺，然後再一舉五雷灌頂（五雷牌出現在1991-92年火的作品系列上）「加冕」之，讓人搞不清要狂歡慶賀，還是世界末日。

那一集是我繼洪通之後，第二次著了魔。群魔亂舞的台灣，無法鎮壓的騷動，順流逆流，流向神魔難測、人鬼莫知的命運青紅燈的輪回軌道，一部讓人忐忑難安、難以卒睹的台灣版「啓示錄」。

形可形，非常形──黃進河的視覺美學（註1）

視覺美學的武裝革命

視覺感官轟天雷

黃進河，一位經常在解嚴後台灣當代藝術運動名單上驚鴻一瞥、卻還藏諸名山的藝術界隱士。他那無與倫比的視覺爆發力與巨型尺幅的驚悚感，往往被印刷版面篇幅的侷限，以及套色上的誤差給閹割了。直到透過影像鏡頭的捕捉，才稍微還給黃進河那獨豎一格的視覺新天地一點點公道（註2）。2002年春天，我無意間在台北市立美術館看到黃明川導演的《解放前衛》裡《黃進河》影像專輯，激起我一探黃進河視覺創作世界的好奇心。

2002年11月在火車、人潮來來往往、快速聚散的烏日火車站裡，那間披掛歲月滄桑的鐵路倉庫工作室中，我懷著忐忑與好奇，在金光閃閃的秋日午後，目睹了黃進河這位鐵道倉庫藝術的先驅（註3），在金光閃閃、色澤鮮辣的畫作環繞下，認識了這位曖曖內含光的台灣藝術界傳奇人物。那時，那些沉默地被拘禁在窄小畫冊與藝術雜誌裡上的圖像，頃刻間在我眼前現出了雷霆萬鈞的原形。

當我深受黃進河圖像世界的震撼之後，忍不住想把這份新視覺美感分享出去時，卻遇到了不少有意思的回應。幾年下來，課堂上一群換一群幾乎沒去過美術館的大一、大二的年輕學子們，第一反應經常是：「哇靠！這啥藝術啊？什麼碗糕呀？怎麼可以畫成這副德行？＊☆※△…」有人認為像垃圾回收場、卻又胡亂酷似台灣現狀。有人對活人死人房子搞一起難以理解，有人對醜到不行的電子花車女郎、三八難

看的清涼秀、聳到底、肥到噴飯的八婆猛皺眉。有人對喪葬儀式的禁忌與圖像避之唯恐不及，有人莫名地頭昏眼花、身心俱疲，無法卒賭。也有人彷彿因爲遇到熟悉的動漫或電玩遊戲裡的主角而亢奮…好惡反應不一，但共同的反應就是眼前一亮、震天嘎響（註4）！

是怎樣的強烈視覺震撼，造成一般觀者感官上的悸動呢？黃進河冒犯了他們對藝術表現裡「美」和「醜」壁壘分明的界線嗎？還是，嘲諷了時下資本主義商品化的帥哥美女完美形象嗎？聳辣到抓狂的色彩，嚇走了優雅高貴的古典美學氣質嗎？還是，不男不女的粗魯曖昧性別形象，讓人反感昏眩？還是，毫無忌憚地把「死亡」與「色情」的禁忌攤在面前的挑釁呢？難道，這就像《聖經》〈啓示錄〉裡第七封印即將揭開時的光怪陸離嗎？**難道這震撼顯示了你我害怕直視「美」的暴力眞面貌嗎**？或者，害怕動搖自己原先認爲「什麼應該是什麼」的「美」的規範秩序呢？

其實，**黃進河的畫作不只是提出視覺經驗上的挑戰，更是連帶地引出思想與價值觀上的挑戰**。或許，唯有當你我瞠目結舌、驚奇地注視這些從來都不認爲是藝術的「藝術」表現時，我們才有機會來思索到底什麼可以算是「藝術」吧。當我們碰觸到那些原先未曾思索過的荒謬、曖昧、爆裂、生猛、草莽、猥瑣的圖像時，才有機會看見「美」的各種變貌。

黃進河以他肉身之軀與殉道者般的意志力，化爲畫面上佛魔難辨的怒目金剛、獅子吼，以迅雷不及掩耳的辣嗆色彩與構圖，**在我們凝視作品的第一時間內，精神的武裝暴力，將我們推向視覺美感的新戰場**。

對「重西洋輕本土」投下戰帖

黃進河所處身的台灣視覺藝術文化，大致可分爲幾種趨向：第一、由中國自十七世紀明、清時期以來隨著移民潮流傳、生根發展的漢人文人書畫傳統。第二、伴隨十七世紀以來的移民潮，同時帶來的漢人民間宗教傳統、習俗與儀式，以及廟宇建築…等等視覺文化。第三、自19世紀末期起，曾經統治台灣達50年之久的日本殖民文化，包括日本傳統文化以及由日本現代西化運動所引介的歐美藝術風格（註5）。第四、國民黨蔣介石政權自1940年代後期由中國大陸來台灣執政後帶來的傳統繪畫與中國受歐美影響的現代藝術風格。第五、自1950年代起與國民黨政權關係密切的歐美勢力影響下輸入的現代藝術類型（註6）。第六、自1970年之後逐漸形成的台灣文化主體意識下、批判一元化政治獨裁現實的多元創作風格（註7）。

這些藝術表現的體系，在台灣這塊土地上，隨著不同政治統治勢力在歷史中權力的消長，匯集成不同時期台灣視覺藝術發展上的特色。此外，除了藝術表現的文化傳統，還有社會現實生活中不斷在進行變動的視覺景象，都是黃進河接受或改造的靈感來源。

在1990年代早期黃進河對於當時所謂「重西洋而輕本土，大中國而小台灣」（註8）的台灣主流美學觀，投下新戰帖。黃進河所下的挑戰，不只是從文化上的「外」與「內」、「西洋」與「本土」、「中國」與「台灣」等，二元對立的區分裡，從弱勢的一方逆向翻轉，去挑戰強勢的美學陣營。

更精確地說，**黃進河的作品揭露了當代藝術在創作精神上的貧困，以及在創作形式上的僵化。這種時代性的創作貧困，來自長期以來被特定社會階級、特定政治立場的強勢文化所把持的意識型態**。黃進河在1990年代的作品謹慎地檢視了自己的創作與主流藝術創作圈之間的關係，企圖將水墨畫的技法、民間宗教藝術的特質、現代西洋油畫技藝、以及當今社會的觀察，當成靈感的原料庫，從當中提煉出自己的新風格。

文人水墨畫裡追求跳脫現實的空靈、舉重若輕、簡約的構圖色調，所達到的「氣韻生動」，一直是華人繪畫表現上以「有形」、「形而下」，寫出「無形」或「形而上」的重要藝術精神。

可惜在台灣現代藝術的發展裡，不少文人畫因爲原創性越來越下降，淪爲吃老本式的反覆套用、空洞僵化的視覺樣版。黃進河並沒有走入這樣的文人水墨畫類型的死胡同，反而看到了水墨畫裡最傳神而關鍵的色彩與線條的結合。黃進河看到這種色彩與線條豐富的表現力，不只是水墨畫的表現主軸，更是民間文化歷久彌新的絕活（喜喪儀式、迎神賽會、宗教彩繪、符咒、刺繡…等等的視覺物體系）。

金爍爍、強強滾的氣韻生動

在西洋近代繪畫傳統裡，經常透過光影投射到對象所產生的明暗變化，來表達出藝術家對於存在(being)與變化(becoming)的獨到視覺事件(happening)。中國水墨畫則透過線條與墨色來造型與佈局，線條不僅用來表現物體的輪廓，與墨色結合後，也用來表現物體的質感、明暗，以及藝術家所召喚出來遊於象外的靈光，邀請觀者進入不同的視覺桃花源徜徉。

這裡「光」的主控權，不來自寫實主義對單一外在光源的對應關係，而是由畫家所掌握到的物與物之間「外射」與「內斂」的互動關係中，所體現的能量秩序與張力的調度。**以「光」的亮度與「色」的彩度來作爲畫面的重要結構，加上扭曲、漲滿與擠壓的空間場面調度，組合成爲黃進河1990年代起畫作上的主要風格。**

黃進河自1990年底的〈接引西方〉（圖1） 開始，在油畫作品上，發展出漸層式的平塗法，融合了水墨畫裡墨色濃淡的漸層效果，把水墨的空靈透氣，運用油畫原料材質本身濃淡的光澤，**把空靈透氣的「氣韻生動」，脫胎換骨，徹底質變，由「無」的空靈，徹底轉成「有」的滿溢。**

黃進河以漢人民間宗教傳統裡「五行」的原色—青、紅、白、黑、黃爲基礎，把這五種原色透過漸層式的平塗，拉到幾近歇斯底里的彩度

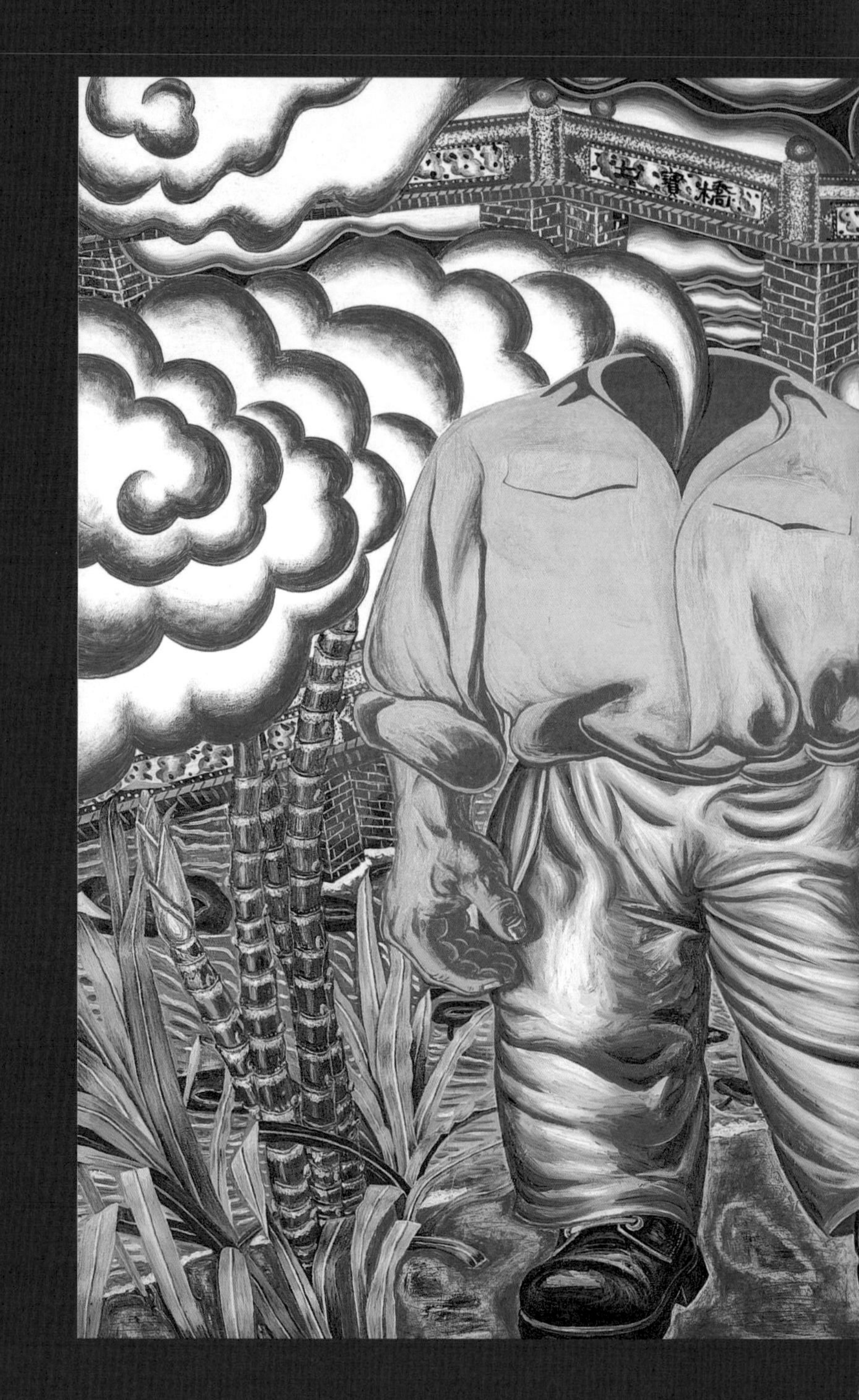
寶橋

圖1、接引西方，油畫，165 x 210 cm，1990，國立台灣美術館收藏，黃進河提供。

五
雷

圖2、火，油畫，815 x 400 cm，1991-1992，台北市立美術館收藏，黃進河提供。

與亮度。單一個體、單一色系所產生的塊面擠壓下的凝聚性，加上不同色系對比反差所形成的不和諧與擴張性。拉拒之下，造成畫布上的昏眩感，彷彿是在夜色下「紅帕帕」、「青冷冷」、「金爍爍」、鑼鼓喧天、勁歌熱舞助陣下的金光戲、歌舞秀般的豔色嘉年華（註9）。

這種豔色的昏眩感不只是色系與技法所達到的視覺感受，還包括把這些金光豔色逼到「強強滾」的那些扭曲變形類似卡通漫畫、又像傳統民俗圖像的「非」常人—妖魔鬼怪之類的怪誕造型，以及整張巨幅畫布上被擠壓脹滿到難以喘息、幾近爆破臨界點的構圖佈局〈火〉（圖2）、〈桃花鄉〉、〈闇〉。

從那些扭曲變貌的「非」常人的怪誕造型，以及擠壓脹滿的構圖裡，我們看到黃進河將普普藝術融入台灣民間視覺經驗的變裝特效。普普藝術藉由拆解物件與既有物體系的慣性意義連結，來製造出視覺上的停格、特寫、誇張、扭曲、嘲諷…等效果（註10）。藉由慣性態度被中斷、打破，而引致新的觀看之道。

黃進河想打破的「慣性」，就是挑戰與顛覆1990年代初期的主流價值：「政治」面—揭露國民黨獨裁的空洞大中國意識型態；「情欲」面—打破僞善優雅的禁欲主義；「階級」面—拒絕知識菁英的浪漫懷舊、以及現代都會消費文化的速食風潮。

黃進河將上述對視覺美感的挑戰，融合民間宗教信仰裡對於「禁忌」文化的透視，掀起一場視覺顛覆的時代風暴。讓那些被視爲理所當然、不可說、不可思、甚至被視爲「迷信」、「低俗」不登大雅之堂的禁忌物件，例如祭祀用品、符咒、喪葬儀式物件之類，光明正大地登上畫布。

第一人稱的圖像武裝劇場

黃進河對於人性批判的新視野，從一開始就是一場視覺暴力的圖像

武裝劇場。**這種暴力美學來自畫家所使用的各種視覺要素—色彩、造型與構圖上的強勢，讓畫作彷彿是一道命令、一道符咒，要求觀畫者以第一人稱的「我」，去參與一場降靈會似的專注凝神，謝絕事不關己、隔岸觀火式的閒逛。**

這種態度和目前所流行的雜食、輕食、囫圇吞棗似的觀畫態度劃清界限。讓觀者在「看」與「被看」的兩股力量交鋒時，彷彿進入金光布袋戲裡，刀光劍影的視覺戰場。這種戰場打的不只是看畫者與黃進河兩邊審美觀之間的格鬥，同時也正是黃進河所掀起的不同於中國與西方古典優美、和諧、休閒美學趨勢的另類視覺美感的奇觀。

從挑高寬敞的展場裡看黃進河巨幅的油畫作品，我們將發現：那貌似靜止停格、跳脫單點透視法的結構裡，以二度空間所創造出的多層次、不動如動的塊面動感張力。這不是經由影像畫面在播映中的移動變化，而是透過每個畫面形象之間斷裂式的拼接手法，所產生出來的各說各話的分裂感，以及在分裂感之中，隱約可見的整體統攝的氣勢（圖3）。

這種在同一畫面上「同時」展現出來的分裂感，並非只是單線進行的視覺敘事節奏，相反地，是將過去與現在之間不同的時空差距，透過更強大而迫切的欲求力道，將悲與喜、神聖與褻瀆，凝聚在同一時空裡，成爲矛盾並存的永恆「現在」。畫面上的符咒、樣品屋、色情KTV、墳墓、南極仙翁，每一種形象都寫滿了欲求，都像強力吸盤，將那些在古典圖像傳統裡，被藏在報喜不報憂背後的人性陰暗面，全搬上台面了。

喜喪並行‧生死同體

黃進河這種貌似蒙太奇式的拼貼構圖，其實在民間廟宇彩繪、刺繡、龍柱或浮雕、慶典儀式的現場，一直都很常見。**屬於神靈顯現的神**

LOCOS
LANTERS
LOCOS
Cheez Balls
Tri-Valley
PEPSI
PEPSI
佳城卧玉龍

圖3、闍，油畫，978 x 400 cm，1994 –1998，呂東興先生收藏，黃進河提供。

聖時間與神聖空間，在民間宇宙觀裡，被認爲和一般日常生活裡一去不返的時間進行模式不同。慶典的時間感彷彿可以無限蔓延、串連、週期性的循環，就像中元普度時，莊嚴的佛教與道教的救贖儀式，可以與脫衣舞、鋼管秀並行不悖。喪葬儀式時，鑼鼓陣、北管、孝女白瓊和西索米樂隊，在送葬隊伍裡多聲部悲喜輪唱。

這種喜喪並行的荒謬感，反映出民間對於生死同體，禍福相依的相對樂觀性格，活在又哭又笑的當下、一方面像無頭蒼蠅般的鑽營、躁進、耗損，另一方面卻又像野草般的生猛旺盛。黃進河畫作上的視覺曖昧感，不只是既激情又虛無，而且還帶有另一層精神上的距離感：**既活在禍福無常的當下，又能站在看出這一切「如電亦如幻」、「應無所住而生心」的鳥瞰人性與時代精神的高度。**這種高度展現了藝術家將台灣多重宗教信仰裡，民間習俗與佛教、道教交融後的生命期許。

窮神變，測幽微

在巨幅油畫的題材裡，黃進河把一般台灣傳統社會習以爲常的：喪葬相關的供品、輓聯意象、墳墓、色情KTV、盆栽、野草、農作物、仙鶴、神譜圖、福氣相、警察、大士爺、充氣娃娃、裸女、機器人、樣品屋…，從原先的實用層次轉換到表現欲望的層次。這些在都會消費社會裡或者隱入邊緣、或者曾爲第一線主角的文化圖像，**透過巨幅畫布上誇張的俗豔造型與擁擠佈局，讓這些新舊圖像跳脫原先的意義脈絡，重新改裝，展現了前所未有的既「猥褻」又「囂張」的矛盾視覺效果。**

過去農業社會報喜不報憂的表面和諧，以及緩慢步調的生活作息，早已隨著社會經濟形態急速變遷而轉變。過去華人文化傳統上的尊卑秩序、賞善罰惡、論斷對錯的正當性與嚴肅性，也隨著台灣政治力與經濟力的快速變遷，不同意識型態與價值觀越混越雜，雜到莫衷一是，雜到貌似自由自在、無法無天，卻又無所適從。原先農業時代所追求的豐饒滿全的廟宇彩繪年畫或刺繡圖樣，到了黃進河手上，不再是福壽滿全的期待，反而變成塞到爆的過度和滿溢。

黃進河將台面上與台面下、想佔有的與想拒絕的、可說的與不可說的，全抖出來了。欲望溢出來、多到腦滿腸肥，多到囂張、飽漲與厭煩。黃進河藉由那些流傳在農業時代裡，象徵人、農作物與土地之間生生不息的圖像，加入時間、空間與欲望的動力學，拉出一具具從植物、有機物、佛像、祭物，到機械、變形金剛…的普度慶典，這裡頭所有的事物都充滿沸騰與騷動的力量傳奇。

黃進河並沒有跟隨前輩藝術家「美化」這些農業與手工業時代的民間視覺構圖（例如席德進、廖修平、洪通），黃進河幾乎「醜化」、「貶抑」這些民間視覺造型，讓這些視覺意象更三八、更草莽、更猥瑣、更粗野，彷彿畫面上每一個圖像都臉紅脖子粗地在謾罵三字經。

黃進河和不少西方前衛藝術家一般，透過生殖器、透過排泄物的貶抑化，來解構原先被視爲莊嚴、不可侵犯、不容質疑的權威。這種貶抑

是另一種價值的翻轉，那些原本被視爲不登大雅之堂的民間視覺意象，如今成爲畫面主角。那些用過即燒、喧囂一時、肥到出油出汁的俗豔喜喪印象，例如告別式會場、迎神賽會嘉年華、欲蓋彌彰的色情招牌、電視上作威作福的政客嘴臉⋯等等，在黃進河的畫布上，豬羊變色，一下子鐵硬大反派變成豎仔丑角，一下子檢場、臨時演員變成一線主持人。

生死「禁忌」脫胎換骨

這裡頭最關鍵的，就是如何看待集體文化裡的「禁忌」。**黃進河碰觸的禁忌是什麼呢？是「禁忌」的一體兩面：直接撞擊人們想要迴避的禁忌本身，以及直視那一直不願被正視的、被視爲不堪回首的個人或集體「自我」的陰暗面。**

有哪些禁忌讓人既恐懼又嫌惡，避之唯恐不及呢？最核心的，不就是發自直覺本能與慣性上的禁忌嗎？出於人類生命裡對於陌生、未知、帶侵略性的對象，發自本能自衛式的恐懼與敵意。黃進河的畫作正是透過誇張耀眼的色彩、造型與霸氣構圖上的武裝，製造這種視覺的入侵感。

黃進河的畫作中經常可見漢人文化裡對「死」的恐懼所衍生的各種禁忌，那種不知劊子手、死神何時出現、讓「福祿壽喜」毀於一旦的殘酷威脅。**黃進河引觀者進出這文化底層與歷史記憶的禁區，透過「進」的冒險，才有「出」的困惑、瞭悟或解脫**。請看〈福如東海〉與〈壽比南山〉（圖4） 所揭露的個體生命與集體記憶對於「禍福」「壽夭」的荒謬同體。被「台灣人民敬輓」的「中國國民黨千古」、「中國共產黨千古」、「二二八XX千古」、「蔣介石千古」，既捕捉、憑弔的過往歷史記憶，也凝視著正在發生的當下。面對巨大的福神彌勒與南極仙翁，這些掌權者與犧牲者又似乎被推到神明狂笑之中。在欲望生生滅滅的宇宙視野裡，這些歷史上的「強者」曾經被記起，但終將過眼雲煙。

至於那不願正視「自我」矛盾難堪的陰暗面，包含了逃避「自我」的不一致性、沒安全感所致的好死不如賴活、擴張自我利益、背叛自己也欺騙別人的自我疏離…等等。**黃進河圖像的照妖鏡，展現這強強滾的欲望場域，讓習慣看待粉飾太平或歌功頌德「光明面」者，有機會目睹不堪入目、不願正視的扭曲「自我」。這正是視覺禁忌突破的第一道防線。**

接著，讓我們從和「死亡」相關的視覺禁忌談起。黃進河作品裡處處可見漢人喪葬相關的符號，例如《寶島系列》四幅拼貼作品裡那些寫在祖先牌位或符咒上的文字、與燒給亡者、鬼煞的祭祀用物；〈鬮〉畫面上的輓聯、墳墓、仙鶴以及農曆七月普渡的大士爺變形。不管是透過寫實畫風的符碼、現成物的直接挪用，或者只是顏色與喪葬符號的隱喻，這些畫作給人第一印象都瀰漫一股死亡無所不在的威脅感。這些被視爲禁忌的民間祭祀物體系，不管在過去的農業社會或者目前的工商業社會，依然代代相傳，繼續維持一個社會面對邊際經驗時的自我調節。

這些喪葬與祭祀的物體系一出現，總是座落在生命隕落、不幸與災難的現場。所以對於一般台灣人而言，已經變成慣性反應了，只要一看見這些圖像，就浮現過往不幸的創傷。這樣不幸的記憶包含這塊土地上多少個人、家族與族群所歷經的無數歷史創傷，不堪回首、無語問蒼天的悼亡。

那些時代的暴力與紛亂，以及競爭激烈、又沒有安全感的生存戰場，**讓大多數人消極地認爲，只要看不見這些勾起不幸的物件，或許就看不見災難與不幸本身。所以一旦喪葬禮儀一結束，這些不幸的祭祀用品總會迅速地被棄置銷毀，或者放到和生活保持一定距離的邊緣位置，直到下次不幸來臨時，才不得不重逢。**

所以當喪葬祭祀的圖像出現在藝術家的作品上，那種直接指向避之唯恐不及的不幸事件的記憶按鈕，就立即被啓動，矗立腦中。這麼一個生活在把死亡藏在生活最邊緣的漢人社會裡的一員，一旦認出黃進河的圖像劇場裡，儼然讓「死亡」禁忌的視覺符號大辣辣地站上一線主角，

圖4、壽比南山，紙上素描，複合媒材，530 x 445cm， 2003-2007，藝術家自藏，黃進河提供

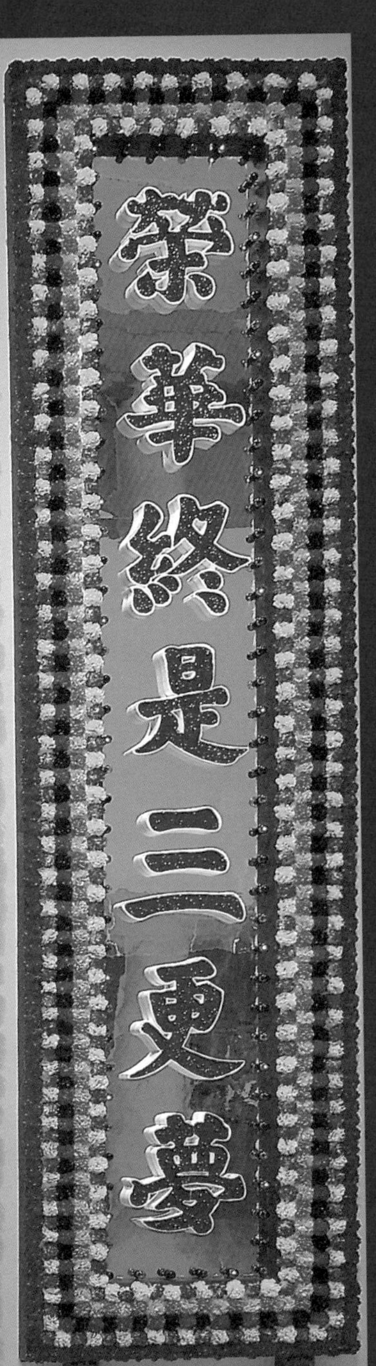
榮華終是三更夢

怎能不倍感威脅恐懼呢？不過，一旦觀者願意走進黃進河畫作的圖像世界裡，我們很快地發現，黃進河透過「死亡」這種台灣特定地方習俗的圖像所要傳達的意涵，將不只是表達「終結生命」的喪葬習俗而已。

〈接引西方〉的多重視覺意象

讓我們以〈接引西方〉為例，來看黃進河如何對民俗「禁忌」脫胎換骨。在〈接引西方〉的畫面上，黃進河表現出既非傳統又非寫實、遊走於視覺意象的多重效果。他把民間肥胖「福相」的神像造型，和1980年代流行一時的「牛肉場」裡充斥肉欲的女體造型加以組裝，透過舊慣習俗裡對抗死亡禁忌所使用的豔麗「厭勝色」（以豔麗來避邪驅煞），來表現內在欲望的腫脹，與外在現實壓抑拉扯下的扭曲、卻自得其樂的複雜人性。喪葬儀式裡的祭物造型與色調，巧妙而詼諧地被改裝，寫有「接引到西方」的「招魂幡」、燒給死者的紙糊靈厝，以及為死者超渡的蓮花，一派輕鬆地座落於背景四周。

這樣一幅〈接引西方〉有何意義呢？只是單純地令人聯想到一般喪葬習俗裡為死者送終的輓聯花圈之類的意義嗎？想一下那畫面上肥腫三八、笑容可掬的舞女要接引誰到「西方」呢？是她身旁有身體卻無頭顱、不斷地從空蕩蕩的體內冒氣、瀰漫畫面上空的無頭人嗎？還是在畫面上完全不在場的「他者」呢？

有人看見「西方」的字眼，可能認為「西方」並非指佛教樂土，而是暗指將受到「西方」或外來殖民文化影響的創作模式送終，從此宣告進入台灣本土藝術的新主權時代。也有人認為這裡並非台灣民間惡意地咒罵對敵「去死」、想要終結憎恨對象「以牙還牙」式的反擊，反而隱含了為台灣過去以來的獨裁殖民者去超渡那些被迫害、含冤亡魂的寬厚與包容（註11）。

畫面上的意涵是逃避、害怕面對自己的死？是詛咒仇敵去死？是二

元對立式的「你死我活」模式？還是正視自己的死、從面對自己的死，到對敵人寬容的模式？從〈接引西方〉能解讀出對於無辜者的關照祝福、助之脫離仇恨的因果循環、泯除恩怨的「超渡」嗎？這些不同的觀畫路線，各自成爲黃進河圖像繼續蔓延的聯想軌跡。

唐代重要畫論《歷代名畫記》一開頭，張彥遠就提出：「夫畫者，成教化，助人倫、窮神變、測幽微」(註12)。這裡指出了圖畫並非只是現實物件的模仿或複製，而是作爲「人」—「小我」與「大我」、有形／形而下與無形／形而上、物質與精神互相對應、貫通的樞紐所在。透過圖像的表現，人渴望貫穿無盡時空、會通天地蒼生，體悟人與人、人與人之外的各種動力交融時的吸引與張力；從人自身通往可見與不可見的天地萬物照應的劇場，「畫」由人所創，人也通過「畫」看見自己、照應宇宙的流變。

「陽」風格與「陰」風格

張彥遠對於圖像意境的觀點，並非只存在於純粹繪畫藝術的作品裡。相反地，與我們日常生活息息相關的宗教儀式的物件，正是「窮神變、測幽冥」、以「有形」通「無形」的象徵體系。這是一般日常經驗無法同時呈現的媒介功能，也是黃進河一體兩面的「陽」風格與「陰」風格，撼人心弦的視覺美學關鍵所在(註13)。根據黃進河的自述

> 1990年初期「陽」風格作品主要探討「台灣人的靈魂與人類生命問題」，受到「布袋戲佈景、電子花車、喜喪儀式、牛肉場、商業建築大廣告看板、迎神賽會的七爺八爺、道教寺廟繪畫與浮雕、KTV浮華風貌、檳榔西施、藝閣、神像、地獄圖彩繪、八家將、宋江陣、樣品屋、告別式場……」等台灣現實元素的影響。「陰」風格「以道教符咒與糊紙厝、刺繡為架構，創作一系列結合喜願與悲喪人生

圖5、諸羅，綜合媒材，99.5 x 72.8cm，1993，台北市立美術館收藏、提供。

大事的作品」，藉此「企圖總結台灣文化特質，創造出有台灣主體性精神的藝術作品」(註14)。

文化評論家邱武德認為：黃進河透過「陽剛」系列的「充滿暴力的巨幅圖像，暗喻對國家、歷史、土地、人民的熱愛與關懷」，「陰柔」系列則是「個人生命成長追溯」、「『吃果子拜樹頭』，敬天愛地的謙虛美德」、「悲愴肅穆」、「體恤無常生命」(註15)。

若將上述創作者與評論者的觀點再加入張彥遠的畫論一起來看，那麼我們可以看出，黃進河「陰」風格的代表作《寶島系列》(註16)，就宛若天燈一般，引領觀者進入一趟通往可見的歷史與不可見的靈性宇宙，出「死」入「生」的天路歷程。透過「進」的拆解、面對危機四伏的現實命運與人性的爭戰，才有「出」的體恤、度化與解脫。就可見的歷史而言，《寶島系列》從明顯的畫面文字標示—〈寶島〉←→〈諸羅〉(圖5)←→〈打貓〉←→〈小硬厝〉，標示渡海來台先人移民史所倚重的地緣性神聖記號。

《寶島系列》的悲喜慶典圖錄

《寶島系列》這四幅作品乍看像家父長制裡，對子嗣後代典型的光宗耀祖的期勉訓誨，卻也流露出民間慶典看透了人生喜喪相依的幽默，如何在歌功頌德的表象下，對現實嘲諷逗笑的戲仿之趣(註17)。或許因為這些複合媒材多半是喪葬或祭解儀式中需要燒化的祭祀用物，因此它們作為時間意識的象徵上，並不像過去現實世界裡那些長治久安、莊嚴凝重的公媽牌位、祖先畫像或家族神龕的擺設。

相反地，倒像是為這些意味著「我們」的圖像，舉行隆重又帶點戲謔的告別式，宣告家父長制、血緣、地緣關係的想像共同體，可以歡送作古了。**這種狀態既像紀念、頌揚、又像批判、送終，其實還帶有恐**

懼、嘲弄、悲憫，甚至迎向未來…等等意義的曖昧性。或許這正是民間文化的眞面貌，這種曖昧性不只是亂成一團的表象，而是蘊含各種創生與毀滅多方能量持續角力的混沌戰場。

《寶島系列》拼貼作品中所使用的創作技法，不同於黃進河油畫作品的媒材。黃進河在《寶島系列》裡把日常生活中的祭祀用物，融合繪畫的技法，以拼貼「現成物」的形式直接運用在畫面上。藉此，產生了既像孩子們玩扮家家酒般樸拙之趣、又同時具有民俗手工藝變裝之後的新創意。更值得玩味的是，這種將具體生活中的祭祀物件當作「現成物」的挪用，產生了有別於原先生活脈絡的抽象化效果。

拼貼的「投入—抽離」

對於「現成物」拼貼的圖像意義，一方面具有回溯過往記憶的心理過程，另方面還同時帶有「抽離」原先的記憶脈絡，產生意義蛻變後的「投入—抽離」的兩面性。**「抽離」在此是指將觀者從民間慶典、大衆同樂的氛圍拉出來，再拉向另一種變貌。這種變貌就是：能夠透視現實、批判現實的前衛藝術，所特有的不確定／疏離的距離感，以及在這種距離感中，找尋超越那些不確定／疏離的解脫之道。**黃進河如何進行這種創作技法呢？這就要來到黃進河在《寶島系列》裡所使用的「拼貼」形式。

「拼貼」是人們記憶與聯想的一種既有能力。日常生活的「拼貼」，是一種隨機偶然、不期而遇的各種物質「零件」的組合，以實用功效爲主的生活實踐。相對於生活實踐的拼貼，另有一種藝術實驗的拼貼形式，將「拼貼」概念的使用視爲斷裂、任意抽離、混雜、無所謂的實驗，刻意跳脫原本脈絡的表現形式。這種藝術拼貼雖然一開始令人耳目一新，但大量濫用過後，可能淪爲「爲實驗而實驗」、爲拼貼而拼貼，變成另一種單調同質的複製。但是有意識地製造差異的「拼貼」形

式，則是藉此來和上述同質的、無時空脈絡的「拼貼」劃清界限，**一方面是有意識地以拼貼「現成物」來從事概念實驗，另一方面又保留大量日常生活拼貼的元素，作爲概念實驗的動力來源。我認爲黃進河《寶島系列》作品的拼貼就是這種和歷史記憶關係密切又保持距離的拼貼實踐**(註18)。

在黃進河的畫作中，我們看到將一般台灣民間生活隨機的、包山包海的「多」元並置，或是跳接式的圖像思考，拉向「多寶格式」卻同時攤開的拼貼展示結構，亦即，將原本在日常儀式裡生生滅滅的祭祀用物，將它們從原先的脈絡拉出，但卻不是斷根式的挪用，而是將既有的意涵去蕪存菁，帶向意義的新生。

不斷生生滅滅的圖像「零件」，透過畫布上明顯地由「一」分成「二」的對稱性構圖造型，從對稱的視覺關係裡，進行「多」的「零件」組的重構。這種一分爲二的對稱性構圖，根據日本圖像學家杉浦康平的說法是：對稱的造型不是爲了將世界平分秋色，而是具備一方包容了另一方的職能。世界不是被分割爲左和右，而是在意識到左、右的一剎那間，便產生要成一體的強勁流動，彷彿所有東西都在相會、對稱、流動旋轉中融爲一體(註19)。

透過這種對稱性「一」分爲「二」，與「二」合爲「一」的動態辯證結構，將「多」的視覺「零件」，整合成爲動態的既鬥爭又和諧的整體。並透過台灣既有祭祀「現成物」的色彩，與造型所拼裝出來的張力，黃進河帶給觀者嶄新的儀式劇場般的狂歡與戰慄，以及強烈的情感噴張後所獲得的自我淨化或內觀自在。對逝去記憶的緬懷、痛惜、悲憫、也無風雨也無晴，以及一場宛如他鄉遇故知的溫暖窩心(註20)。

移民史記憶的變形合體

《寶島系列》把人與人最關鍵且基本的「家族」結構，透過圖譜化的關係來將其中的「親疏」、「尊卑」、「禍福」重新排列組合，把原先帶有「公開宣揚」和「隱藏貶抑」的優劣價値取向，拉成視覺經驗上的「對等」—對稱的構圖關係。在黃進河的畫作中，尤其是《寶島系列》作品裡，我們可以看到黃進河透過兩種面向來展現「人」的族譜圖像：

第一種面向是透過民間宇宙觀的結構—陰／陽來展現人與「自己人」（前後代血緣親族），以及人與「他者」（那些超乎人之外、無法辨識測度的靈界，例如「神」、「鬼」、「魔」、「妖」、「靈」、「煞」…）如何共存在畫布上：大家都擠在一起，靈界宛如擁擠人間的投射。「擠」在一起是指這些超越現實時空的「非人」所處身的時空，其實和「現在」正在進行的一般生活上的時空，同時存在。

神聖的時間可以無窮無盡、無盡循環，但在每一個環節裡，過去—現在—未來都同時攤現。**因爲對於永恆的時間律動而言，這些「時間差」都不是前後的差異。在特定欲求的凝聚下，它們一起現身，像是佛、菩薩、衆神仙、鬼煞通通展現在你我面前，呈現出另一種日常經驗不會經驗到的異質性結構，不管是被視爲善念、還是惡念，一起現身。**這種巨大的欲望分裂張力，就是黃進河畫作將傳統宗教圖像變形的動力—挾帶著歷史記憶與現實批判的圖像劇場奇觀。

那些有時繁複、有時樸拙的圖像和文字在玄黑的底色烘托下，很像在夜間爲靈界所舉行的祭儀，例如中元普度、祈福解厄法會、喜喪科儀與陣頭、各式綜藝娛樂秀…互相拼場，非常熱鬧。但熱鬧中又流露難以排除的不安，彷彿這些莊嚴的或熱鬧的排場，只能活現在杳杳幽冥、混沌黑夜之中。那些照見命運無常眞相的自我內觀的顫慄與警覺，醒來或許竟又是渾渾噩噩、紙醉金迷的庸碌紅塵。

第二種面向是《寶島系列》既然名曰「寶島」，其實也顯示了黃進河透過個人家族的移民史的紀錄與回溯，以小窺／「詼」(註21)大，相對於過去那些獨裁統治者所製造的官方歷史記憶，黃進河以普羅庶人移民族譜式的角度，宛若說書人將流離顛沛的遷移記憶：如何篳路藍縷、以啓山林、到定根生生不息，一一透過圖像記號娓娓道來。對記憶猶新的

觀者來說，宛如本地土產、瞭若指掌。對記憶模糊者呢，則宛若重新來一場「撿骨」儀式，將失憶的集體記憶殘骸，從塵封枯槁的失憶廢墟挖掘出來。至於，對那些失憶者或毫無記憶者而言，則又宛若來自域外、遠方來客的驚奇。

黃進河的家族圖譜，展現了庶民對於土地、家園、故鄉的念念不忘，也呈現各種面對禍福無常的嚴苛考驗下人性的掙扎，這種掙扎透過「對稱」構圖而展現出前所未有的曖昧性。這種曖昧性就在於利用「對稱」構圖結構的和諧，來凸顯不和諧的矛盾張力，並**藉由圖像的拼貼，宛若「關落陰」般的「下降」俯聽，回溯並穿越了個人的家族記憶，照見過往生生世世被壓抑、扭曲靈魂的鬼哭神號**。黃進河將這種宛若「關落陰」式的族譜圖像佈局作了相當精準的展現，不只是回溯歷史記憶，同時再「下降」至潛意識的內層、靈魂的幽冥恩怨的源頭—那無解無常的命運漩渦、既令人恐懼戰慄又深深爲之吸引。

打破制式化的陰／陽界線

就視覺空間的佈局來看，**《寶島系列》打破了陰／陽的界線，亦即，打破傳統制式化宗教彩繪神／鬼、上／下、尊／卑、報「喜」隱「憂」的構圖等級**。畫作裡包羅萬象的祭祀「現成物」，在藝術家的勾勒下，現實與虛構打成一片。這些視覺「零件」宛若在同一時間／空間內，不分明暗，一起互放光亮。這種多元並置或許只是任意性的拼湊，也或許是將命運無常、禍福相依、萬物有靈互相感應的「陰」／「陽」狀態，透過「可見」外顯圖像，來表達漢人宇宙觀的內在圖像(註22)。

〈小硬厝〉(圖6)畫面中央宛若血一般的紅字「男」「女」、一綹黑髮（實物）、 安置在紅色反白的藝術家本人姓氏「黃」的下方，組成明顯的三角構圖，視線再從中央上移到「小」「硬」「厝」三大字。〈打貓〉則是中央「父」「母」兩大字，到更大的地域共同體〈諸羅〉

圖6、小硬厝，綜合媒材，100 x 72.8cm，1993，台北市立美術館收藏、提供。

「富」「貴」兩大字、到〈寶島〉中央像家屋卻是墳塚的圖像。這裡「共同體」大小的界定從藝術家自己的血親、族譜、地緣開始向外擴大（小硬厝←→打貓←→諸羅←→寶島），反映了從原先血緣、階級、地緣到族群自我認同的同心圓凝聚力，這種凝聚力也意味著面對「外來」勢力入侵時，共同體自身的戒備與防衛。

另一方面，**《寶島系列》裡每一幅作品所呈現的共同體，既是對外的也是對內的**。對外是血緣或地緣譜系或圖騰，對內卻不只是祈安求福的可見祭祀物體系。黃進河運用了祭祀死者或低階鬼煞的禁忌圖樣，凸顯了危機四伏的生命戰場—與過往祖先之間，以及和那些不可知的生老病死的鬥爭。還包括漢人父系血緣「家」的圖像裡，對於血緣延續上利益交換的依賴投射，以及那些帶有族群、階級與性別的慘烈權力鬥爭。

《寶島系列》對稱的佈局卻是玄黑莫測的底色。在正經八百、固若金湯的家族圖騰裡，總是充滿難以數算的禍福否泰。那些在君父威權的華人主流文化圖騰—祖先畫像、神主牌位、公媽廳、地獄圖、告別式場等等的視覺意象裡被抹煞鎮壓的「他者」，黃進河讓這些地下的、在意識陰暗處、難登大雅之堂、被視爲「污穢」、「霉運」、「災禍」…等等對集體威脅所投射出來的靈界，讓它們化爲無臉之臉，在畫布對稱的格局裡四處流竄。

在黃進河的畫布上，這些面具般的無名臉魅影祟祟、無所不在。一邊是對過世祖先「慎終追遠」地維持男性血緣傳承。例如〈小硬厝〉裡那些白底紅字以黃進河的黃氏家族成員爲主的名字一一排列，以及〈諸羅〉畫面四角所加上的紅底黃字的姻親姓氏，以期父系子嗣生生不息，繼續打造永續的家族共同防禦陣線。**另一邊則是不可知、不符家族共同體、被視爲否定、敵意的力量，宛若鬼煞蠢蠢欲動、無所不在的游擊隊，似乎隨時要潛入戲耍或攻佔父權家族圖騰的城堡**(註23)。

其實不確定感同時包含了對於超自然界祈求助力，以及迴避阻力的信仰上，不只血緣上的祖先，還包括多神信仰裡其他的神聖力量—神明、鬼、煞(註24)。〈陰生〉畫面彷彿台灣街巷裡常見的窄小卻張燈結彩、香火鼎盛的「有應公／媽」廟或「姑娘廟」。從〈陰生〉的畫面上，那些無法在家族「共同體」內受祭祀的孤魂野鬼，展現在「台式」聖像畫裡普照光華。〈陰生〉將原先西方聖像畫裡單一主神所顯現的無所不在的絕對光源，轉爲萬物有靈的每一物件都兀自明亮、飽滿，沒有主神，各顯神通。

黃進河的「小鬼」們並沒有被官僚化的神像造型給收編，去穿戴漢人民間信仰典型的官方華服冠冕，或許做爲叛軍的孤魂或被貶抑的弱勢邊緣者，永遠被官方機制拒絕或放逐之故吧（註25）。〈陰生〉這種「小鬼」當家的「有應公／媽」圖像，或許是對台灣移民與殖民文化的歷史記憶裡，那些因爲族群戰爭、自然災害而死於非命的亡靈，或者那些至死未出嫁、無法在父系宗祠受祭拜、享有死後尊容，而被送至「姑娘廟」找尋新「共同體」認同的女性鬼魂，一種戲而不謔的幽默變形。

另一方面就孩提夢境的漫遊角度來看，和黃進河其他《寶島系列》的作品一樣，這些畫面裡無所不在的「小鬼」群魔亂舞、管他佛魔鬼妖，其實在孩子眼中，是另一群和孩子一樣不按牌理出牌、敵我難辨的對手投射，孩子還沒摸清楚是否和自己是屬於同一「國」的呢。

對於死後世界的究竟以及不幸命運的原因，這些屬於人的理性無法全然掌握的領域，今人一如古人，依然不斷尋找安身立命的寄託物。「共同體」的信念企圖安頓生命的不確定：在數量的擴展上，希望承擔生死不只是孤立的個人問題，而是家族—氏族—族群的互相支持與制衡、分攤風險、同舟共濟。在時間的延續上，不只是以一輩子的時間來分攤風險，還有「來生」可以尋求死後的賞罰與解脫。《寶島系列》仿若看不見祖先畫像的祖先畫像、看不到宗祠的宗祠，以及看不見祭儀的祭儀。這一系列作品將是未來審視台灣二十世紀末進入資本主義都會化、個人化消費社會時，對於農業時代家族記憶的最後一道凝視。

形可形，非常形

祭祀用物的變種風情

黃進河畫作中這些具有「測幽冥」、陰陽否泰、趨吉避凶的物體系，曾經是過去以識字作爲階級分工界線的時代裡，非識字階級所擁有的身份認同與傳承群體記憶、安身立命的重要方式。因此這些圖像一直和追求怡情養性、跳脫現實悲喜的文人畫風分屬不同的使用世界。這些傳統民俗物體系和民眾生活、信仰、生命價值密切相關，和文人畫也一直相生相滲，只是重「傳承」輕「創造」、重「群性」輕「個性」的民間藝術特質，讓多數文人出身的藝術論述者，忽略了民間藝術「實在的」價值(註26)。

這些民俗祭祀用物就日常生活裡的實用價值而言，它們代代相傳，在生活裡方死方生。但是也正是從這樣的實用價值中，它們默默記錄了超越自身之外、族群或地域共同體所寄託的象徵意涵。對民間宗教圖像使用者而言，這些圖像一方面以儀式的象徵功能的身份被肯定，另一方面也僅僅被限定在生活「實用」功能的價值上。

然而正當這些民俗祭祀用物隨著生活習俗的改變，幾乎要在新舊變遷的轉捩點上消失之際，也正是新價值出現的契機。新生活形式不再需要這些舊物件，這種生活上實用價值的式微，反而促使台灣民俗的物體系所紀錄的歷史痕跡，變成另一種有時空距離的文化符碼，成爲新時代鄉愁與商品消費的象徵。透過藝術家的改裝脫胎換骨，成爲另一種透過溯源來瞭解自我、解構自我、或超越自我的創意標記。

在黃進河的視覺創作中，我們同時看見透過共同視覺圖像來作爲「我」的凝聚統一，以及在共同體秩序之外「非我」的四處流竄、親敵莫辨。這兩種台灣民間宇宙觀的探索，是黃進河對於傳統宗教符號的重新挪用。但是這樣作，並不等同於那些把宗教符號拿來嘲諷、反抗宗教絕對權威的西方無神論前衛藝術的態度。黃進河的《寶島系列》依然站在宗教人肯定神聖圖像，具有觸及人的有限性，以及超越自身去面對生存極限的能量。

再者，這些祭祀用物（例如祖先牌位或民間神明圖譜）的傳統圖像與造型，往往具有明顯的區域與族群的「在地」特性，因此也具備了對抗外來現代個人主義與基督宗教文明的功能，繼而被非西方藝術家視爲表現「我族」意識的圖騰表徵。黃進河一方面批判地繼承了台灣漢人父系主體的宗教象徵功能，另一方面，黃進河卻同時呈現這種「以父之名」的威權支配力下，原先不在場的「非我」力量，也可以並行不悖的宇宙觀。

也正是揭示了這種對立中互相衝突、包容或妥協、放縱的共存鏡面，黃進河精準地展現了台灣文化的欲望戰場：向上迴旋成爲多元共融的和而不同的逍遙達觀、能動力的生命狀態；以及向下翻滾爲敷衍、妥協、鄉愿、陽奉陰違、扯後腿等等生命反動力的漩渦。

「對立」如何統一，若不能站到對立雙方的源頭，或是站在更高瞻遠矚的視點，就可能淪爲另一種假虛無主義之名、取消一切價值衝突的鄉愿。自一九八零年代末迄今，我們看見黃進河如何將台灣民間信仰中那種打死不退、旺盛的、絕地逢生、豁達的，以致於投機、苟且、好死不如賴活的精神狀態，從生活的介面轉化爲藝術介面。

藉由視覺藝術的虛構佈局，完成對立並存的視覺美學張力，以及在這種視覺張力底下，所呈顯的「多」之中的並行不悖。這種「多」在有限時間、有限空間中的競爭與合作關係，正是黃進河畫作所代表的多神信仰、多元宇宙觀裡，比眞實更眞實的台灣視覺靈性劇場吧。

既「猥褻」又囂張

「色情」在黃進河畫作中是以既「猥褻」又霸氣囂張的曖昧形式現身。這曖昧感並非明目張膽的「性」侵犯、偷雞摸狗地窺視，或者纏綿

悱惻的性慾挑逗。正相反，畫面上一個個外強中乾的形象，囂張腫脹卻又無法展現性魅力，只能以虛張聲勢來轉移性無能、無法繁衍、無法創造新局的焦慮。**如果這裡的「性」慾代表繁衍、代表眞正生命的創造力，那麼黃進河畫作的怪誕曖昧感，暴露了那些被強權長期控制、奴化的主體，一旦自身擁有了權力，卻只能東施效顰、沐猴而冠；無法透過權力、自我超越，只能對內互相鬥爭內耗，對外虛張聲勢、故步自封。**

民間宗教圖像的俗豔色澤經常帶有豐饒、挑逗、繁衍的旺盛生命力，但黃進河鮮豔的用色則帶有貌似農民起義、造反的殺氣和侵略性，而非傳統的喜氣或挑逗。霓虹螢光色在黃進河的畫面上宛如戰鬥武器，而不是挑逗的用具。**「喜氣」原指團結或凝聚在一個被視爲「合法化」的權力之下，錦上添花、力上加力的氛圍。但是「殺氣」或「煞氣」則帶有不同權力之間衝突競爭、互相攻擊、取而代之，呈現權力合法性被威脅時的危機感。黃進河不僅將死亡禁忌的視覺意象脫胎換骨，更將被壓抑在文化潛意識裡的「殺氣」與「煞氣」，化暗爲明，和被視爲挑戰禁欲規範的「猥褻」的「色情」意象聯手，製造挑起欲望、又掐緊欲望的倒錯矛盾。**

在巨幅油畫作品〈火〉的畫面上，面積再大的裸露「女身」，也難以激起觀畫者春情蕩漾的衝動，空留華麗密閉的色情KTV，一旁乾瞪眼、英雄無用武之地。裸露的「女身」反而變成性慾的不在場證明，失去色情吸引力的「女身」，在情慾權力關係裡似乎喪失了原先的籌碼。如果說九零年代吳天章《春宵夢》系列的畫作裡，透露出曾捲進情慾深淵、掙扎於自我認同與自我疏離的拉扯(註27)，那麼在〈火〉、〈桃花鄉〉、〈鬫〉裡，被扭曲醜化的俗豔肉體，則讓人感覺到黃進河這位藝術家企圖跳脫物欲橫流的紅塵，冷靜地審視那面自己所創造出來的欲望照妖鏡內，震耳欲聾、金光強強滾的慾海浮沈。

黃進河畫作中的「女身」並沒有因爲喪失「色情」功能而一無是處。正相反，裸露的「女身」阻擋了性慾，甚至嘲諷了貌似無所不在的「色情」。這些扭曲變形的「女身」的功用，不在測試觀者性慾勃發或冷感的界線，反而帶有性無能、無法佔有的反挫掙扎，只能透過貶抑、醜化「女身」、醜化對方，來粉飾外強中乾、力有未逮的焦慮。另一方面，裸露的「女身」也不只是展現或壓抑性慾的符碼，「女身」展示了生命體的成—住—壞—空。畫面上和裸露的「女身」擠在一起的，可能是色情KTV（〈火〉），還有喪葬儀式和墓仔埔（〈闇〉），還有腐蟲與蒼蠅（〈天地父母〉、〈福如東海〉、〈壽比南山〉）。

色不異空，空不異色

在〈火〉，「女身」看起來有眼無珠、不見愛恨悲喜、行屍走肉；又像被雄性支配力所排斥、淘汰的卑賤漂浪之女。那尊不男不女的深青色充氣金剛，臉戴墨鏡、手拿道教「五雷」辟邪法寶的大姊大，究竟是千邪皆懼、萬鬼迴避的替天行道者呢？還是掛羊頭賣狗肉的應召站藏鏡人呢？還有那尊面積最大的「女身」和身後的豪華KTV互通氣息，卻沒有頭殼來為自己的肉身作主，以健美先生之身，變裝為搔首弄姿的電子花車女。這些限制級的「女身」被一般「正常」眼睛視而不見，推到視覺與道德的邊緣死角，黃進河卻把它們放在畫布上當主角。誰知道這些「女身」作為歷史記憶的身份是什麼呢？是現世沈淪的幫凶？是引渡亡靈前往樂土的歌舞陣，還是威靈顯赫的大士爺、怒目金剛或不動明王的綜藝變身秀呢？

在〈天地父母〉（註28），我們看見脫胎自祖先畫像的構圖上，端坐兩旁的不是正襟危坐、莊嚴肅穆、衣冠楚楚的祖先肖像，反而是一對彌勒佛般坐姿的「佛」（魔）像。獸爪猙獰，碩大的乳房並無乳汁流出，反倒肥滋滋的身體長瘡流膿，腐爛生蟲。一尊盲目燈泡眼，吐著大釘舌，另一尊無頭、屍蟲進駐，變成蟲蟲樂園，兩尊都正在死，一尊頂著勃起亢奮的陽具，另一尊陰液氾濫陰戶腫脹。兩尊的下體各自激動，上演著肉身分裂式—同時像祖先畫像般四平八穩地坐著，同時極度自爽潰

爛。

從一九九零年代前期的〈火〉、〈天地父母〉、到九零年代後期的〈闍〉，以及到2007年完成的〈福如東海〉、〈壽比南山〉，這些畫作中，怒目金剛的莊嚴寶相一再被改裝成金光強強滾的四不像：像男又像女、像人又像獸、像活體又像屍體、像肉身又像機械。黃進河將台灣傳統庶民視覺文化（例如神像／祖先畫像、廟宇彩繪、刺繡、看板）偷龍轉鳳、打破制式化構圖與敘事題材，爲這些所謂民俗畫像注入前所未有的矛盾張力—既猥褻猥瑣又霸氣囂張。

〈闍〉那位暗喻當時政治人物、所勾勒出的高階警察裝扮的怪物，這可以辨識出代表公權力「警察」，像中元普渡的靈界「總監」大士爺嗎？還是抓「鬼」的比「鬼」更像囂張的餓鬼呢？焰口火舌爲何滴下甘霖？這些眞眞假假、怪誕而衝突的視覺意象，讓畫面呈現出爆炸或毀滅前夕、互相擠壓對峙、不見轉機的緊張與虛無感，讓觀者也陷入驚訝恐怖、不知所以然、想笑又笑不出來的荒謬。

「猥褻」其實是民間文化中相當有意思的偷渡與僞裝，經常用以對抗官方在社會道德上的壓迫與控制。「色情」的禁忌和「死亡」禁忌一樣，在過去官方與傳統「上流」知識菁英的藝術創作裡幾乎絕跡。和「性」有關的言行舉止都被視爲「猥瑣」或「猥褻」，經常受到主流文化的壓抑和污名化。不過，**「猥褻」往往在民間慶典嘉年華中，和滑稽、搞笑、戲謔、嘲諷結合在一起，或明或暗地流竄在婚喪喜慶的場合，企圖從那些嚴肅、絕對倫常規範的社會控制中，找到欲望發洩的出口。**

黃進河對於傳統視覺記憶的變裝，也不只是透過中斷慣性，來產生分離意識，這裡也還牽涉到是否要站在二元對立、否定對方的態勢；或者從分離與差異中，找到新的超越二元對立的自處之道。超越二元對立，就包含一種保持彼此的張力、卻又透過變裝偷渡的藝術創意，達到詼諧、戲謔、可以笑得出來、自得其樂的能力。

圖7、天上流氓，油畫，163 x 220cm，1990，國立台灣美術館收藏，黃進河提供。

〈天上流氓〉的不男不女

以〈天上流氓〉（圖7）為例，在傳統台灣民間的宇宙觀裡有天上、人間與地府的宇宙空間區隔，分別是神明、人、鬼魂（與祖先亡靈）所棲息之處（註29）。黃進河這幅千號畫作的「天上」卻看不見傳統民間神明譜系裡、道貌岸然的諸神諸佛和天兵天將，也沒有祭祀用品的金箔黃紙木刻板畫，印出紅線輪廓的「福祿壽」三仙，或者一般人所熟悉的穿著古代傳統官服的三官大帝（天官賜福、地官赦罪、水官解厄），在「天上」出現的是三位「衣冠不整」、玩扮裝遊戲的「流氓」。

在民間信仰裡，「天上」有「流氓」嗎？一般台灣普羅大眾想到「天上」的神明時，印象中就像騰雲駕霧、華麗隆重的八仙過海、蟠桃盛會，那種宛若人間封建帝制的官僚體系翻版，信眾燒香祈福，趨吉避凶之心，正如對待現實生活裡的威權體系。但「神明」圖像果眞如此嗎？**在天上的神明，要不要「流氓」呢？黃進河畫出了圍繞在我們生活裡熟悉到視而不見的底層人物，但卻充滿「扮裝」與「反串」的逗趣滑稽**。那些像雲又像吹氣泡泡的圓球，成為黃進河畫作中重要的背景特效。融合廟宇彩繪、浮雕與傳統刺繡的「雲氣」造型，是畫面上常見「強強滾」的重要功臣，讓人分辨不出是騰雲駕霧、紫氣東來，還是憤懣沸騰、烏煙瘴氣。

黃進河以接近由上往下照的俯瞰大頭貼特寫，融合他1990年之前的抽象表現主義，在色彩上加入大量混濁的白色所製造出來的「髒」、「生鏽」，和之後所走的「金光」色彩風格不同（前文提及的〈接引西方〉即是緊接在這幅之後的新風格，可以清楚地看見色彩上的轉變）頭大身小、搞笑又夾帶「猥瑣」性暗示的古怪穿著。

這裡同時也對台灣一般「流氓」的概念作了詼諧的嘲諷。「流氓」一般形象總是孔武有力、兇狠帶殺氣。這三位「槌槌」、有點假仙耍寶的，恐怕是冒牌貨，惡狠壞人角色改由丑角甘草型演員來擔任。**畫裡這三位笑詼、草莽、土直、「不男不女」扮裝搞怪的傢伙**（註30），**有誰**

將他們和道貌岸然、華麗莊嚴的「神界」老爺—「福祿壽」或「財子壽」三仙聯想在一起呢？是黃進河將「神明」去神聖化、嘲諷他們、把他們畫成混混、豎仔、「不男不女」扮裝癖呢？還是黃進河發現在這樣底層、邊緣的衆生裡皆有「天上的」「神」性呢？

以詼諧對抗命運無情

世界上還有什麼比詼諧更能對抗命運無情的嘲弄呢？**詼諧與滑稽在民間文化裡，往往正是恐怖、悲慘與疏離的現實生活要偷渡的假面**。裝瘋賣傻、扮裝搞怪、不經意地來幾串黃色笑話，不正是對於正經嚴肅的統治者威權戲仿、嘲諷、控訴與反抗的手段嗎？在裝瘋賣傻裡，其實可能自得其樂，也可能無奈、鬱卒、帶悲劇色彩的自我逃避或解脫的掙扎。

黃進河帶著這種詼諧的變裝秀風格，繼續衝向視覺歇斯底里的狂喜狀態。在他九零年代的兩巨幅畫作裡，黃進河讓詼諧人物同時變成恐怖的魔頭，讓整幅〈闇〉仿若當代牽亡歌陣的重金屬噪音搖滾版，狂飆在眼前的是金光強強滾、囂張強悍的地獄變。黃進河沒有告訴我們，「誰」有資格去制訂出善惡功過格來審判慾望本尊，是〈闇〉中焰口長舌滴甘露的盲眼警察？還是〈火〉中手拿道教「五雷」令、墨鏡青黑金剛貌的大姊大？或者創作者本人？還是我們凝視畫布的過程？到了〈福如東海〉的福神彌勒與〈壽比南山〉的南極仙翁的笑臉時，已經分不清是機器人、有機體、還是禪修法相，是拈花微笑、天地不仁、或傲笑紅塵了。

所謂藝術者，即非藝術，是名藝術（註31）

黃進河的畫作所表現出的既猥褻又霸氣、既擠爆又疏離、既熱鬧又焦慮的「強強滾」視覺特色裡，還包含另一種藝術家想超越這樣「近距離」視覺意境的高度。這種高度來自黃進河將自己的創作視爲展現台灣正在經歷的、前所未有的「中陰身」狀態，一切都介於「在…之間」、曖昧未明的階段。「中陰」或「中陰身」狀態是指將整個生與死當成一連串持續改變的過程，一般指在死亡與轉世之間的中間狀態（註32）。

「中陰」狀態被黃進河視爲創作過程裡關鍵的集體時機，並企圖通過畫作，來收攝正在經歷的「不確定性」的「此時—此地」時間感。黃進河認爲由於複雜的殖民歷史與地理環境的錯綜因素，導致台灣人對於身份認同與政治主權無法掌握。這種活在歷史記憶斷裂、命運不確定感的時局，讓人性越來越扭曲、自我疏離、自相矛盾，以致於欲望既暴露又壓抑，顯得既猥瑣又囂張，對自己、對世界既暴力躁進又焦慮無能，黃進河透過畫作來捕捉這片凶煞生猛、焦慮恐懼、不知未來的人間煉獄奇觀（註33）。

從那些扭曲變貌、「非」常人的怪誕圖像，以及擠壓脹滿的構圖，我們看到黃進河將普普藝術融入台灣民間視覺經驗的變裝特效。普普藝術藉由拆解物件與既有物體系的慣性意義連結，來製造出視覺上的停格、特寫、誇張、扭曲、嘲諷…等分離效果，讓我們藉由慣性態度被中斷、打破，而引致新的觀看之道。黃進河的畫作所謂的透過「非藝術」的型態，是指跳脫台灣當代藝術長期以來一味模仿傳統的依賴性，直接看穿附庸風雅、甚至無病呻吟的中產階級品味的弊端，跳脫知識菁英甘爲歐美現代藝術代工文化的窘境。

藝術家與主流典範之間的關係，並非只是抄襲或複製的從屬關係，相反地，藝術家與既有的主流典範之間的關係是對手與對手的競爭關係。藝術家創造自己在藝術史傳承上的先行者，貫穿並終結他自身藝術創作的高度與深度，打造生命力蛻變的通道與出口，直搗觀者的靈魂所在。

每一次和黃進河的巨幅畫作相遇時，就是非比尋常的感官想像力的大車拼，黃進河說：「所謂藝術者，即非藝術，是名藝術」。不斷拆解既有的「什麼應該是什麼」的概念與價值的表象，以及歷經這種「破」之後重新返回「我」的根源，從當中孕育與創新。**跨越「女身」只是女性的框架，進入「女身」可以變男變女、方生方死的肉身極限變身；逼近那不可拆的光環、進入否定意志的內裡、想像面對死亡的顫慄與新局。**

黃進河的畫作不只像「撿骨」儀式、「關落陰」儀式般地喚起「共同體」的記憶，更進一步地，揭示了「共同體」的界線與命運流變的漩渦，也同樣落在「中陰身」曖昧不明的狀態。召喚「共同體」的激情與欲望扭曲的歇斯底里，卻還包含黃進河更深遠的凝視。**黃進河不止展現民間信仰的宇宙觀，也同時打破民間宇宙觀裡、約定成俗的尊／卑價值。這些表象之外，黃進河看到「否定」的虛無化。**誠如《金剛經》所言：「如來說莊嚴佛土者，即非莊嚴，是名莊嚴。」

黃進河所言「所謂藝術者，即非藝術，是名藝術」，這裡的「非」藝術包含對於藝術慣性的打破，以及讓因為被僵化所困、無法被彰顯的藝術特質得以現身。「非」藝術的解構，掀開過去向來被遺忘的非文字、非線性、非單一敘事、非單一視點的圖像邏輯。這些圖像特性在洪通的畫作（註34）中，第一次讓我們看見不識字的藝術家所開展出來的人與「非人」、人成為「非人」的想像意境，以及「圖像文字化」與「文字圖像化」所揭示跨越被「文字」／「圖像」二元區分所阻擋的「連結」圖像邏輯。

黃進河並沒有走洪通所進行的圖像共時性「連結」感，而是圖像的共時性「衝突感」，洪通那無所不在的變臉所越過的「人」與「非人」之間的界線，在黃進河的圖像中則是更明顯的壁壘分明。黃進河把「樂園」變成「煉獄」，為的是讓我們看到人被迫成為「非人」時，強大欲望扭曲壓抑之間的衝突，尤其面臨時空「終結」的迫切張力下，所逼現的「強強滾」的顫慄感與焦慮感。

這種似是而非的曖昧、扭曲、鬥爭，在黃進河對於眞與幻的抉擇，

也同時徘徊在揭露「中陰」狀態的實然，以及面對這種虛無的末世感，黃進河追尋在不確定、虛實難辨之上的更根本與更超越的高度。黃進河的畫作既帶有過渡、未確定，也包含更根本的「一切有爲法，如夢幻泡影」二元對立眞／幻之辨的追尋。

當否定、分裂依舊，背後不知有沒有眞正的「肯定」，又無法對於眼前「多」的對立衝突加以肯定時，就出現黃進河這種終末的、這一切皆爲過渡的「非」或否定的「中陰」不確定性，以及在這種不確定的處境裡，各方火力全開的衝撞狀態。透過對立面、透過「否定」、透過「破」，「凡所有相。皆是虛妄。若見諸相非相。則見如來」，重新看待「藝術是什麼」，或者更根本地說，重新瞭解這世界、處身於這世界。

這也是上述黃進河如何透過「既猥褻又囂張」的美感變貌來和「優雅・和諧・貴氣」的藝術類型決裂，以這種矛盾而對立的武裝挑釁，建立光怪陸離的怪誕視覺美學類型。黃進河深入這種帶有悲劇性暴力的時代靈光之中，但他又彷彿乘著「非」、「破」的動力，穿梭這場從「我」變成「非我」，以及再從「非我」變成「我」的美學變貌。

末言—在豔光四射裡狂笑

「死亡」意象在黃進河的畫作、在洪通的圖像、在吳天章的影像、在陳明才和林麗珍的劇場裡，都不是終結、不是究竟，因為他們都看見了—誰有能力一直不斷地死，才是眞正的快樂者，眞正的極限，眞正的逍遙。這種生命極限的追求，需要一再變裝、化身、分身、重生。**藝術家需要堅持劈開現實命定論的意志力，衝破那些「什麼一定要是什麼」的慣性與惰性的枷鎖，才能一邊腐爛瓦解，一邊睥睨四方，一邊金蟬脫殼，一邊東山再起。**

黃進河以對決式的全副武裝，延續了孟克(Edvard Munch) 的吶喊，但不是以孤絕之姿，而是爆裂之勢。**黃進河的殺氣背後是接近「虛無」的被動性與「空」的能動性之間的辯證運動。藝術家一方面企圖掌握欲望的瘋狂擴張，以及透過歇斯底里的精神狀態，來跳脫欲望受挫的衝突噴張。另一方面，儘管畫面上是滿、是脹、是歇斯底里，但精神狀態上又同時是「殺」、是「空」、是「破」。非父—非君—非神，卻不是無父—無君—無神。黃進河透過「非」、透過「空」，達到不斷找尋超越非父—非君—非神之上的「眞」。**

黃進河既詼諧又暴力的藝術風格，並沒有採取一種去歷史脈絡的即興式或任意性的概念拼裝，相反地，黃進河在概念的拼裝經常包含了幾層視覺心理的糾結，讓觀者面對他的視覺符號意義的連結時，出現了曖昧的「對立的並存」。從視覺圖像溯源的暖身，搜尋過往個人記憶庫裡的圖像聯想，到溯源過程因為似像非像所面臨的失憶斷裂感。

黃進河先讓觀者對直接生理視覺經驗的強烈反差驚訝不安，然後帶領有心者進入圖像的溯源旅程，卻讓觀者跟到一半時就中斷消失了，孤立而囂張的視覺符號，**彷彿剛剛勃起的陽具，卻沒有找到敘事結構的支撐對口，緊接的下一個鮮豔的視覺符號又現身。但卻又只是一再引誘，讓新意義的對口遙遙無期。**這種意義的曖昧性，讓黃進河的視覺美學並未和強調沒有本尊、只有擬象或表象、去根源脈絡的流行拼貼模式共

謀。反而黃進河這些「半調子」、帶有現成物扮裝嫌疑的視覺符號，把意義勃起卻無法射出的曖昧性，推上第一線。

黃進河對傳統視覺圖像的替代性變裝，看不出要找回原初的意義的連貫性或一致性，反而是把象徵帶向一種「在…之間」的既回溯又邁向歷史終末的當下未確定感。這種未確定性的焦慮，讓觀者再度回到豔光四射的畫面視覺直接刺激上，彷彿勉力想以此昏眩的替代物來自慰，來完成欲望的暫時性滿足。這種未確定的焦慮與自慰的暫時爽快，形成一種精神分裂的自虐式對立並存性，透過構圖的空間擠壓與疏離的效果，把這種衝向茫茫黑夜盡頭般的終末感推到極致。

把這種終末感推到極致的，還包括黃進河油畫作品對立而矛盾的構圖特性。簡要地說，油畫構圖的矛盾性格在於擠爆畫面的豔色嘉年華裡，卻總是一個個孤立疏離的個體。**畫面上每一項造型之間貼這麼近，但每個個體的輪廓所凸顯的空間卻不相干**。這裡否定了宗教畫裡敘事的連續性，以幾近暴力的空間輪廓切割，壓抑了敘事結構，取而代之的是讓人目不暇給的擠脹和疏離剛硬的空間感。

這種矛盾性是黃進河作品和民間宗教畫最明顯的差異，不只在於圖像構圖的非敘事性佈局，更在於作品裡傳統宗教畫所賦予神明譜系趨吉避凶的靈驗性與善惡判準的界線模糊了，或者說界線已經失憶、失蹤、脫鉤了。畫裡的主角可能是神、是人、是魔、是欲望的化身，但是他們都不再是台灣人的視覺慣性裡所寄託、投射的強大他者，而像是一個個意義難辨的充氣般發光發亮的巨怪，張牙舞爪地嘲笑那些原本壓迫本能欲望的視覺威權符號。

黃進河畫裡難以辨識是否有公平與正義的仲裁者，人人都可以是神、是魔，群魔亂舞、眾聲喧嘩。像正在上演一齣沒有結局的戲碼，沒有故事的故事，好像每一個主角都想說大聲說出自己的故事，但是卻沒有人想去傾聽另一個人，好像大家都時間不夠、空間不夠，必須全擠在這最後的時間、唯一單一的共同空間拼命擴張自己。

於是每個畫面上的主角各霸一方，個別看起來金光強強滾、整體來看卻是孤寂與封閉。這種「豔光四射」的特性是黃進河視覺美學掌握當前台灣集體歇斯底里的精神狀態最經典的特寫，**一方面是**「台灣人打死不退的生命意志及心理所嚮往綿綿不絕取之不盡的最高能量」（註35），**另一方面也是面對那些想要吞沒與宰制台灣文化主體性的強大對敵時，不得不採取的虛張聲勢、委曲求全的自我扭曲與變裝的防衛。在豔光四射裡對自身未來那難以確定的悲劇荒謬命運，無法自抑地狂笑。**

感謝藝術家黃進河先生分享他的創作美學，感謝收藏家顏春榮先生、黃素女小姐、葉榮嘉先生、呂東興先生、林英玉先生，讓我得以拍攝他們所收藏的黃進河作品。感謝邱武德先生在思想上的啓發與數位圖象的協助。感謝林衍孜小姐、李峰銘先生 、陳家玉小姐在拍攝工作的協助。

＊本章注釋

1. 本文是將過去所寫的三篇關於黃進河畫作的文章，重新整合改寫而成。三篇文章分別是〈形可形，非常形—黃進河視覺美學初探〉初稿發表於清華大學「2003年女性主義學術研討會」（2003.09.28），後發表於台北當代藝術館出版的《當代藝家之言》，2004秋分號，頁76—86；第二篇〈在豔光四射裡狂笑——黃進河的視覺美學〉發表於台北市立美術館出版的《現代美術》118期（2005.02），頁28—40，後收錄到台北市立美術館出版《旗艦巡航——台灣當代藝術選粹（二）》，併譯為英文（2008.11）頁54—75；第三篇〈窮神變、測幽冥—黃進河《寶島系列》的視覺美學〉首先發表於台灣宗教學會年會研討會(2006.06)，同年發表於《現代美術》第127期（2006.08），頁56—69。

2. 黃明川的《解放前衛——黃進河》影像專輯（台北：公共電視，2000）

3. 根據黃進河自述，黃進河在1990年三月起進駐台中建國市場旁的15號鐵路倉庫，1994年初搬入台中後車站25號鐵路倉庫繼續創作，1998年搬離，進駐烏日5號鐵路倉庫迄今。

4. 這是從2002年到2010年，我在真理大學通識課「文學與藝術」課程中，播放《解放前衛——黃進河》影像作品時，大學生的一般反應。

5. 詳見顏娟英，〈規範的空間與追求新知—殖民地台灣近代美術〉收錄於《正言世代—台灣當代視覺文化》（台北：台北市立美術館，2004），頁10—41；顏娟英譯著，《風景心境—台灣近代美術文獻導讀》上（台北：雄師美術，2001）。

6. 詳見蕭瓊瑞，〈在激進與保守之間—戰後台灣現代藝術發展的重新檢視（1945—1983）〉收錄《正言世代—台灣當代視覺文化》（台北：台北市立美術館，2004），頁42—69；蕭瓊瑞《島嶼色彩—台灣美術史論》（台北：東大，1997）；倪再沁，《藝術家←→台灣美術—細說從頭二十年》（台北：藝術家，1995）；郭繼生編，《台灣視覺文化》（台北：藝術家，1995）。

7. 陳瑞文，〈藝術表現裡的文化批判—從臺灣當代的社會性藝術之現實意識論起〉《現代美術學報》第二期（1999），頁5—28；潘安儀〈台灣當代藝術的正言世代〉收錄於《正言世代——台灣當代視覺文化》（台北：台北市立美術館，2004），頁70—187，可惜潘文並未討論黃進河的視覺作品。

8. 倪再沁，《藝術家←→台灣美術—細說從頭二十年》，頁166。

9. 邱武德，《台灣日報》副刊〈金爍爍・沖沖滾——黃進河的金光視覺美學〉（2003.06.26）

10. Lucy Lippard編，張正仁譯，《普普藝術》(Pop Art)（台北：遠流，1994)，前言。

11. 邱武德，〈金爍爍・沖沖滾——黃進河的金光視覺美學〉。

12. 張彥遠，《歷代名畫記》（北京：人民美術出版社，2004），頁1。

13. 有關黃進河的創作風格的分期，按照黃進河個人自撰年表的分類，第一期「油畫寫生風格」自1972年起、第二期「攝影創作」自1982年起、第三期「抽象表現風格」自1985年起、第四期「具象表現風格」自1987年起、第五期「當代新風格」自1990年起。

14. 詳見黃進河年表，〈形可形，非常形—黃進河視覺美學初探〉，頁86「附錄」。

15. 邱武德，〈金剛・金光 台灣人民生命途徑的視覺美學——黃進河的金光繪畫〉《現代美術》118期（2005.02），頁26—27。

16. 《寶島系列》共有〈寶島〉（光明正大，109.8 x 78.7cm）、〈諸羅〉（叩答恩光，99.5 x

72.8cm）、〈打貓〉（北帝敕下，110 x 67.5cm）、〈小硬厝〉（祖德流芳，100 x 72.8cm），以上四幅由台北市立美術館收藏。〈陰生〉（100 x 83cm），林英玉先生收藏，這五幅拼貼作品皆完成於1993。

17. Mikhail Bakhtin,《巴赫金全集》第六卷《拉伯雷研究》，李兆林、夏忠實譯（石家莊：河北教育出版社，1998），頁6—12。

18. 黃明川認為，黃進河啟動了「從歷史的挖掘、西方藝術橫移與中國情感表現等方向轉入本土題材的現代主義，也就是從當代台灣現象中重新發現個人的新藝術風格」（參見黃明川，〈黃進河與台灣的九零年代〉，2002.05，未發表）。

19. 杉浦康平，《造型的誕生》，李建華、楊晶譯（台北：雄獅美術，2000），頁50—51。

20. 陳淑鈴訪談，〈心命、人命與終極追尋——黃明川談黃進河〉《現代美術》118期（2005.02），頁46—47。

21. 台語「嘲諷」、「揶揄」之意。

22. 在漢人宇宙觀裡祖先和神明、鬼魂是神靈世界最主要的三種分類。神明譜系是以玉皇大帝為首的官僚層級制度，「舉頭三尺有神明」神明監督凡人的言行舉止，以決定保佑或懲罰，人乞求神明趨吉避凶。鬼魂則經常被視為負面、具有加害於人的潛在威脅力量。但孤魂野鬼也可能被神明收服，變成神明的兵馬（林美容，〈鬼的民俗學〉，《台灣文藝》，新生版第三期，頁62）。參見本書〈慶典美學與中元普渡〉。

23. 《台北縣1992年中元普渡宗教藝術節》，姑娘廟民眾文化工作室主編（台北：前衛，1994）一書，可以看到結合民間宇宙觀與現代藝術，來進行和地方社區慶典的中元普渡實驗性創作。

24. 參見林富士，《孤魂與鬼雄的世界》（台北：台北縣立文化中心，1995）。

25. 參見本書〈慶典美學與中元普渡〉。

26. 蕭瓊瑞，《府城民間傳統畫師專輯》（台南：台南市政府，1996），頁15—16。

27. 詳見本書〈非真之真，非假之假？——試窺吳天章的視覺意象〉。

28. 素描，300 x 200 cm，1994。

29. 宇宙觀在宗教現象學上異質是神聖空間開展的重要主題，神聖空間是異質的，具有區分為「陰」/「陽」、「上」/「下」、「內」/「外」、「中心」/「邊陲」、天上/人間/地獄…等等的分類秩序。這些秩序代表和一般人所生活的世界相關卻不相同的屬性。不同的宇宙區域分別住有不同的神明、祖先、鬼怪、仙佛、怪獸…等等神話角色。

30. 邱武德，〈金爍爍‧沖沖滾——黃進河的金光視覺美學〉。

31. 黃進河2007年10月27日應筆者邀請，和筆者的一群年輕朋友前往台中國家美術館，觀賞「亞洲藝術雙年展」時，講解所展出的黃進河〈福如東海〉〈壽比南山〉時所言，借自《金剛經》：「如來說莊嚴佛土者，即非莊嚴，是名莊嚴。」。

32. 索甲仁波切，鄭振煌譯，《西藏生死書》（張老師文化，1996），頁25。

33. 根據筆者與黃進河對談，參考張芳薇，〈在恍惚中移轉的「中陰之旅」〉，收錄在《末世祭：台灣當代圖像》（台北市立美術館，1999），頁17—18

34. 參見本書〈無所不在的變臉：洪通的圖象劇場〉。

35. 邱武德，〈戲棚金光戲的魔幻世界〉。

非真之真，非假之假？
——試窺吳天章的視覺意象

第一次看見吳天章《春宵夢》系列的作品時，記憶竟不自覺地倒流，來到一場喪葬儀式將盡的情景。暗夜裡，那座混合日式巴洛克和閩式建築的紙糊「豪宅」張燈結彩、亮麗熱鬧，預告著透過銷毀自身的物質性，去換取死後無盡財富的應許。豔光四射下，紙糊「豪宅」正中央立有一幅黑白遺照，相片裡那位過世的「豪宅」主人，毫無表情卻又充滿表情地注視一切。

這張遺照藉由被拍者確實存在過的事實，召喚出死者肉身生命終結後，另一種活現在「死亡」想像中的「臨在」感。那逝去卻又被召喚回來的「死亡」想像，拆穿那誤以為被喪葬儀式安撫完成的「死亡」恐懼，以及難以言喻的對於死者「再現」的排斥、騷動與著迷。原本已經「不在」人間的主人透過遺照，比活著更「活現」、更具威脅地凝視著每一道交會的目光。羅蘭・巴特(Roland Barthes)曾說「攝影召喚瘋狂」，在藝術家吳天章作品的視覺意象中，所召喚出的可見物質性中，那不可見的「驚異」與詭譎，不正是瘋狂的深處嗎？同時透露出瘋狂「噴張」與「收驚」的分裂張力。

非真之真，非假之假？
—試窺吳天章的視覺意象（註1）

返回記憶偽裝的起點

《四個時代》（圖1）是一九八七年解嚴之後，吳天章從《傷害症候群》那些帶有表現主義、直接暴露國族暴力與災難記憶的圖象敘事，轉爲政治強人／獨裁者的肖像畫風格。這一系列政治人物的肖像畫，讓吳天章過去戒嚴時期所擅長的黨外雜誌政治漫畫，以及融合大型看板與壁畫風格的構圖形式進入新階段。在這階段吳天章對肖像畫的使用，已經展現了日後常見的視覺曖昧感：**一方面貌似互相拉扯、對立，另一方面再往更深處探索時，卻又模糊了對立的界線，進入互相掩護、爾虞我詐的和諧。**

在政治強人的肖像畫系列，吳天章展現了三重意象上的曖昧關係。第一重是運用巨型尺寸的視覺效果，結合傳統帝王與祖先肖像畫、電影看板以及戒嚴時期政令宣導看板的風格，在展覽場上表達出空間上的「大」、「壓迫感」與「霸氣」。第二重是以人民血肉堆疊的傷亡意象，作爲象徵帝王威權的「龍袍」（註2）。這兩重視覺意象，引出了第三重的曖昧感，那就是吳天章不只是企圖揭露強人作爲歷史災難的加害者，同時也表現出對於英雄主義「一將功成萬骨枯」的愛恨交織（註3）。**像這樣誇張的巨型油畫墓誌叢林的展示，既像揮別政治獨裁陰影的莊嚴告別式**（註4），**也同時表達出小人物惡搞戲謔的阿Q寫照，亦即，與其無力與獨裁者鬥爭而挫敗絕望，不如在強人背後扮鬼臉、塗鴉、瞎攪自爽一陣**（註5）。

以假亂真的偽裝之真

在一九八零年代末、九零年代初台灣社會風起雲湧地企圖擺脫戒嚴時代文化，建立新的主體意識之際，吳天章透過《傷害症候群》和《四個時代》以其紀念碑與漫畫塗鴉交融的誇張油畫風格，保存、拆解、釋放了舊時代政治暴力的肅殺之氣與集體傷害的症狀；並從以暴制暴的封閉式集體意象內部，找到向外伸展的欲望出口。吳天章從油畫媒材，轉向攝影與手工藝結合的媒材，走進更深的、被塵封的「我」的傷害記憶

圖1、關於毛澤東的統治，油畫，1991，吳天章提供

內裡，製造出另一種「我正在說謊」的「僞裝之眞」。**從藝術家所創造的時間結構中，捕捉與重構私密感與距離感：那無法成爲「自我」與無法滿足「自我」的傷害，以及透過創作將更深更久的「痛」，從被虐的「痛」，轉爲享受的「痛」，以及釋放「痛」的笑意。**

在那時，渴望透過影像來表達創意的吳天章，遭遇了理想與現實的掙扎。如何可以製造出畫面的眞實感與戲劇張力、又不需要眞的出外景、找一堆演員和工作團隊、背負龐大的影像製作花費呢？機靈的吳天章想起導演黃明川所說的「限制在那裡，美學就開發到那裡」。吳天章試著以小搏大、以假造眞、以「沙龍照」的攝影棚代替舞台、電影城或外景拍攝，窮則變、變則通的吳氏「假假」美學在此誕生了。**「假假」矯飾的精神狀態一剛開始來自吳天章創作前期物質條件貧困的寫照，藝術家也透過切身物質困窘的現實提煉，借力使力，創造出比現實生活裡所充斥的粗糙、急就章、廉價的贗品文化，更「以假亂眞」、更囂張而驚豔的「假假」精神狀態。**

以「過剩」的記憶「堵住記憶」

吳天章並不走紀實攝影企圖「如其所是」地呈現被拍攝對象，以攝得最自然面貌的路線。相反地，他以編導方式全面介入拍攝的畫面，從角色扮演、服裝、道具、佈景皆出自自己之手（註6）。畫面中的人物都向著鏡頭，卻看不見眼神，看似裝模作樣，卻又似高深莫測。**吳天章刻意營造的「沙龍照」風格，不只再現「記憶」與「記錄現實」，同時藉由製造「過剩」的記憶，來「堵住記憶」。**

記憶不斷地在虛實難辨的往返運動中，進入更深而難以重返的失落。在失落的臨界點上，激起了創造「過剩」記憶的欲望，讓那段一去不返的記憶不斷地「滿」出來。「決定的瞬間」被吳天章退回到一九六零年代或更早，那段藝術家追憶似水年華的時光，以及創造「記憶」的

靈感源頭。透過戀物癖般鉅細靡遺地重構「那個」時代的衣服款式、布料材質、體態、音樂、傢俱、佈景、擺設，與情慾…，邀請觀者進入那個已經被遺忘、卻似曾存在過、具有相當遙遠時差、卻又有點熟悉感的時代。

這種帶有顛覆性的復古「現場」模擬，並不是把「攝影」視爲拍攝當下、爲所拍攝的「那個生命」定格作證。**吳天章藉由這些虛構的影像，引導觀者去凝視那個曾經活現過、卻一去不返的時代靈光(aura)**（註7），讓觀者也跟著這些虛構影像，像拿著手電筒進入心靈的地窖內，一起窺視那個被塵封時代的內在肌理。不過，吳天章導引我們前往的並非眞正的那個具體、曾經存在過的歷史往事，而是來到更遙遠、壓抑更久的僞裝記憶入口；那分不清眞假，彷彿向內封閉的記憶殘骸，又像向外擴散的欲望想像窗口。

這種返回眞假難辨的記憶起點的視覺意象，透過肖像攝影寫實的表現形式，將欲望的動力與民間信仰的「靈魂不滅」或「魂魄」相結合。自我意識無限延伸的想像，讓可見的「陽世」欲望延續到不可見的「陰間」，延伸到無止盡的生生世世輪迴的想像，彷彿愛憎癡狂的鬼魂不斷地透過「遺照」而「陰魂不散」。透過「形而上」的心理想像與「形而下」肖像攝影寫實表現的雙管齊下，時間差所形成的「舊」時代「老靈魂」魅影崇崇。這種集體潛意識的聯想，塑造了一般受到華人民間宇宙觀影響的觀者，看見吳天章的影像作品時「毛骨悚然」的「攝魂」驚訝一牽動超自然、形而上、「靈界」禁忌象徵體系的不安或恐懼。但這種陰森卻又在藝術家的幽默、矯飾佈局裡，感到誇張、戲謔、與「玩假的」的安全距離。

以「沙龍照」的「不真」來「逼真」

「假假」矯飾特質一直被視爲吳天章主要創作風格。吳天章個人的看法是：「假假」的氣質來自台灣統治者所造成的那種粗糙、可替代、無長久經營的流亡心態；常民文化裡，也經常濫竽充數、以假亂眞。透過一再凸顯這些假假矯飾的「形而下」風格，吳天章創造了一種虛／實交替狀態的「僞裝」曖昧性。我們約略可從時代反差以及階級意識兩方面，來捕捉吳天章在虛實交錯的「沙龍照」創作意象裡，來自社會現實面的創作因素，以及藝術家加以轉化的線索。

定格一九六〇

首先，**就時代反差而言，沙龍攝影具有傳神的時代特質。這種時代特質是台灣從農業、手工業的生產勞動社會，過渡到以大量機械化生產的「現代化」社會的寫照**。被吳天章經常「定格」的這段一九六零年代，是吳天章個人念茲在茲的青春時光，也正是美國自一九五零年代到六零年代中期，視台灣爲東亞冷戰時期的重要據點，對台灣挹注了巨額資金的時期。美援穩定並改善了當時台灣財政與基礎建設，也讓台灣依附於美國的經濟體制之下。一九六零年代政府開放外資，鼓勵投資的政策，讓私人企業與外國資本結合，促進工業化，帶動經濟快速成長。受美國爲首的跨國外資主導，台灣變成製造廉價輕工業產品的加工出口區，中小資產階級和工人階級人口逐漸增多（註8）。

這時期的農業發展因爲政策往工業化發展的轉移而逐漸衰退。大量人口離開農村，進入工廠成爲工人，離開過去大家族定居式、和農作物、自然生態關係密切的生活形態，進入都會化、功能化、機械化、他鄉變故鄉式的生活。那時國民教育逐漸普及，識字、接受西式現代世界觀的人口逐漸增加。經濟生產方式的逐漸改變，越來越多人從農業時代

的作息與宇宙觀，逐漸接受資本主義經濟體系下與機械爲伍的勞動生活形態。原先以地域性自給自足爲主的手工製品經濟消費模式，也被工業化大量複製的商品與跨地域消費模式逐漸取代。

在那時從日本或中國大陸接受攝影訓練的攝影家，早已陸續在都市裡開設相館，台灣報章雜誌裡的攝影照片數量開始擴增。六零年代起電影娛樂更加普及（註9），電視進入家庭、產生了新的大眾視聽傳播文化（註10），透過機器來傳播知識與休閒娛樂的形式，逐漸取代過去面對面、親身參與的活動。**過去農業時代認爲攝影「攝走眞魂」**（註11）**、視照相機爲巫術法器的排斥心態，也逐漸被都市裡越來越多接受機械用品的人們捨棄。人們接受相機不再具有形而上的靈力，使用相機來快速記錄生活中的重要事件，拍照逐漸成爲家庭生活儀式的一環**。從這時期起一方面相片取代了傳統肖像畫，成爲祖先親族遺照最主要的媒材，另一方面相片也成爲那時代的年輕人，記錄那段青春歲月的重要見證物。

以假當真的「沙龍照」心態

但是在這段相機逐漸普遍化的工業化時期，卻由於當時政治戒嚴環境箝制了藝術創作理念，以致於台灣在那個經濟力改善、攝影活動開始蓬勃發展的時代，一般社會上所流行的只是無關杜會現實、符合官方「正確」、「安全」尺度下的沙龍照文化。官方的打壓讓當時一般大眾對攝影的了解，停留在「只有沙龍攝影那樣的照片才是攝影」（註12）。在那個整體經濟尚未脫離貧乏、求溫飽的時代，走進相館拍照，對一般人而言並不是一件平常事，反而像出席正式場合或是扮裝表演。因此，**正襟危坐的儀態下，正是幻想自己宛如重要人物，被鏡頭留下以茲紀念的虛榮。盛裝打扮、矯情造作，讓新興的機械科技所帶來的扮裝儀式，剎那間滿足一般人變成大人物的幻覺**。

另一方面，就階級意識的反差心態上，爲何要裝模作樣、虛張聲勢呢？難道不也意味著，明知無法眞正企及那些「上流」階級強勢、炫耀的名利，但是輸人不輸陣，透過模仿讓外表上乍看旗鼓相當，甚至更亮眼、囂張來扳回一成。這種阿Q精神外人看來是嗤之以鼻的「作假」，對於被拍者卻是以假當眞的虛榮。**既然無法快速而獨立地創造新價值，那何不投機地仿效，來自我發洩、自我欺騙、自我嘲諷。這不也是弱勢者無法或無能面對與強權者競爭時，不想長期被傷害與否定、甚至被消滅，所翻轉出來、求生存與求虛榮的變相文化性格嗎？**

這就是吳天章的視覺意象所凸顯的精神狀態，但吳天章不只是展現這兩重的過往「沙龍照」心態。吳天章更進一步地製造了沙龍照不會出現的情慾體態（例如上彩粧的陰柔水兵陽具勃起若隱若現、妙齡女子撫胸自慰），並加入了「遺照」與「告別式」的視覺聯想（例如假花圈、喪葬「戴孝」的記號）。弔詭的是，我們卻在一再揮別的「告別式」與一再僞裝的沙龍照中，看見了那無法捨棄、難以僞裝的眞實感。**吳天章透過製造「失去」，來激起「擁有」的欲望，透過「不眞」來找尋隱藏或失去的「眞實」，而「失去」與「僞裝」竟然變成最眞實的「我」的生存狀態。**

「把青春泡在福馬林」的決定性偽證

至於那些作品中的人物刻意被遮的雙眼，是強化「傷害」與壓抑靈魂的寫照？用來擺脫原先那個「我」的另種易容術或僞裝面具？還是透過遮蔽的陰暗，來看見那肉眼不可見的世界？誰知道呢？一旦畫中人卸下蝴蝶結、眼鏡、花朵…開光點眼了，他們又會看見怎樣的世界呢？

在那些肖像照裡，吳天章吐露著對於受挫者、邊緣者、陰錯陽差無法成爲台面主角者的戲謔、嘲諷、憐憫、慰藉與救贖的曖昧情愫。透過密閉的「攝影棚」、虛擬造假的佈景、裝模作樣的「身份」轉變，**攝影宛如魔術一般，讓主角暫時脫離現實弱勢的身份，進入夢幻新角色的扮**

裝遊戲。這種快速決定的瞬間，卻製造了「眞的發生過」的假象，爲主角的幻想與虛榮做了不懷好意似的僞證。

誰在乎那位肖像主角究竟是誰呢？假假眞眞，或許每一位都隱含藝術家的自我投射以及現實社會的縮影。像是杜斯妥也夫斯基（F. Dostoevsky）小說筆下的主人翁，從雙重或多重的自我分裂式中，折射出不安、焦慮、亢奮、自大、自卑、自閉又放肆的精神狀態。從「他是誰？」變成「我是誰？」，從自我分裂中發現自圓其說。這已不是分辨誰眞誰假的標準答案式的問題了，而是爲何從僞裝、造假、虛擬、造作的手法與佈局裡，可以讓人看見一種逼現本眞的驚豔。

這些「把青春泡在福馬林」的僞裝沙龍照（註13），不只是一場面對時代創傷、原地打轉的強迫症，反而已經被時代帶向前、仍不住回頭反顧，然而回顧的也不是過去，而是藝術家對於慾望對立並存的幻見。**吳天章並沒有完全進入機器時代，他的另一半自我卻還眷戀著「前世」的手工業時代**。藝術家迷戀逝水年華的一切—那尚未被機械科技取代的舊時代手工質感，作品的肌理處處可見「絨布交織金蔥布和亮珠的光芒，彷彿蕩漾著黑黯的心靈所滲出的一種幽幽的『情慾』感」（註14）。「以人喚物」、「以物喚情」的戀物私密關係，透過數位攝影科技之助，吳天章讓那些被工業社會給遺忘殆盡的舊物件靈光，得以音容宛在。

在數位攝影科技的畫面製作手法裡，不同時空的因素可以任意地影像合成在同一畫面上，製造虛擬的「決定性瞬間」。在虛擬的影像世界裡，任意進行所有可見元素的重新拆解與合成。這似乎提供了所有可見元素「等値現身」以及「無限合成」的機會。但是人對於影像的好惡，絕對不是等値的，影像關鍵不在量的多寡，而在於價値的高低。總是有些影像令人格外癡迷，像那種介於永恆與虛無之間不忠善變的情人，而吳天章一再追逐的就是這樣的影像奧秘。

吳天章並沒有被目前無根式、包山包海、快速量產的影像氾濫洪流淹沒，而是企圖進行唐吉軻德式的「攝影」精神的再發現，讓「照片影像能夠再『啓動』攝影術剛發明時，所帶給人們『懾魂』疑慮的那種驚異感。」（註15）**這位藝術家像忘了喝孟婆湯的轉世靈魂，一邊轉身想留住上個世代的舊愛慾海浮沈，另一邊又迫不及待地投入煥爛繽紛的新歡勾引**，在藝術創作轉世蛻變的旋風裡，吳天章已經同時把自己捲往深不可測的過去與不可知的未來了。

穿梭情慾的臨界線

情慾與死亡禁忌的雙重火線

相機和視覺最大的差異，在於相機可以將事物外貌「定格」，但是人的視覺做不到。有趣的是，雖然視覺辦不到，但人的記憶卻辦得到。所以攝影的影像宛若「超現實」的現實，也像再現心理官能症的癥狀，再現那些被固著的過往記憶。試想，哪種記憶可以強大而持久地盤據、一再重現？甚至被禁制壓抑，也不惜夢裡變形現身呢？恐怕就是最令人愉悅著迷的吸引力，以及那避之唯恐不及、具威脅性、毀滅性的記憶了。追求快樂不顧生死，與自我防衛、保存的機制，一直都是情慾在表露與壓抑時的基本盤。

探索情慾的主題在台灣社會向來是一個比政治戒嚴的打壓，更嚴厲卻也更尷尬的公共議題。對於藝術家帶有「性」意涵的創作題材，經常被評論者從私領域的獨白，拉向公眾性的告白。評論者往往藉由將「性」相關的藝術表現「公眾化」或「污名化」，來將「性」去勢、納入管理，或者變成策略性操弄，來逃避面對「性」議題時，論述者自我檢視的尷尬，以及觸犯社會禁忌時的疑慮。

帶有「性」意涵的主題是吳天章九零年代中後期重要的創作方向，加上遺照／喪禮相關的視覺圖象的挪用，將情慾表達帶向了挑戰死亡禁忌的雙重火線。**第一重挑戰觀畫者洞察到「性」的偽裝後，和道德界線之間的張力**（註16）。**第二重則挑戰了觀者對死亡禁忌的「褻瀆」式性幻想，所勾引出既恐懼又吸引的曖昧情愫**。吳天章對「死亡」禁忌的挑戰，面臨當時藝術市場的現實考驗時，藝術家也不得不謹慎地低調、偽裝，將虛與實的臨界線拉得隱晦曖昧。

吳天章在《夢魂術》自述裡有一段話，傳神地點出了他在《春宵夢》（圖2）時期對情慾意象的看法：

圖2、春宵夢II，綜合媒材，1995，吳天章提供

男子與夢境中的「女人」交歡，但女子其實是男子心中「內我」（anima）的外射，是男人潛意識中的「女性本質」，滿足男子的生物性慾望和心理性慾望，對其未受到異性青睞的孤寂提供潛意識的「補償作用」。

欲望的多元分裂與統合

「女性」體態在《戀戀紅塵II——向李石樵致敬》（圖3）以男扮女裝現身。藉由變成「異」性的想像，產生自我分裂的勾引與佔有欲，分裂的自我在交媾的幻想中重新合而為一。情慾並不止於自我幻想，也和情慾對象關係密切。情慾對象往往不只停留在單一個體之上，在「這」一個「白玫瑰」與「另」一個「紅玫瑰」（註17）、「又」一個「X玫瑰」的引誘中，自我徘徊在忠誠與背叛之間，既期待又怕受傷害，既是意猶未盡卻又無限空虛。

藝術創作總是以有限自我，去揭露那一個又一個彷彿無限的「他者」。這種創作中多元分裂與統合的欲望，也正是人性／獸性／神性／魔性衝突與超越之所在。只是藝術家也看見了現實越界的侷限，暗室裡那位動作猥瑣又帶點搞笑的扮裝者，又走回畫框內，等待一次又一次越界的機會。這件《戀戀紅塵II——向李石樵致敬》，以機械式的重複永遠地進行：「走出→自爽→折返」的宿命，直到電力消失或機具故障。

從《春宵夢》系列到《戀戀紅塵II——向李石樵致敬》的裝模作樣、正襟危坐的猥褻體態，以及遮蓋在眼鏡、眼罩、假花、假珠寶裝置下，似笑非笑、故做神秘的表情，似乎挑起另一種暗潮浮動、欲蓋彌彰的踰越快感。吳天章不走劍拔弩張的對立風格，他總是用偽裝、作假、遮掩的曖昧手法，來作為緩衝對立、隱藏自身的手段。

吳天章不直接掀底牌、撕破臉，總是帶有演戲、扮裝般的虛實難辨的戲劇感，來逃離非此即彼的二元對立式的表態。**在劇照般的影像調度**

圖3、戀戀紅塵II--向李石樵致敬，綜合媒材，1997，吳天章提供

上，吳天章這一系列「庸俗化」和「贗品風格」交雜著：一邊挑逗、挑釁、猥褻，另一邊嘲諷、偽裝、戲耍的情慾收放，讓各憑本事的看官，好好享用性幻想／性冷感、迷戀／反感／迷惘吧。

《春宵夢》裡「女子」的體態相當耐人尋味。有的扮成時髦閨秀／少婦，有的像娛樂界或性產業的一姐。貌似時髦又端莊的古典淑女，擺出了正經八百又引人遐思的撫胸動作；而豔麗妖嬈、帶有「風塵」味的熟女一姐，則擺出附庸風雅的悶騷貴婦狀，還有貌似心事重重的「女子」，眼和嘴卻可以長出開合的人造花朵。

再看到材質的拼貼手法上，大部分《春宵夢》系列的畫框上都綴滿了亮麗的人造花圈或閃閃發亮的燈泡，更具戲仿喪葬「告別式」裡綜藝團的視覺效果。細看照片甚至還有刻意套色沒對準，戲仿廉價印刷的粗糙質感（《春宵夢I》）。「假假」「矯飾化」的告別式「告別」的是什麼呢？是藉由告別「正式」的道德，以便勾引出那不在場的、被壓得深深的對於敗德禁忌的破壞嗎？期待與「死者」交媾一那種既吸引愉悅、又害怕被懲罰毀滅的「褻瀆」感嗎？

如果這些肖像照帶有遺照的意涵，那麼現代化科技文明並非只是以機械來取代宗教向度裡的情感。相反地，透過科技將想像「影像化」後的畫面，所召喚出對於不可見世界的性欲，帶有另種借屍還魂式的、比眞實更眞實的「攝魂」視覺魅力。潛意識裡踰越的欲望，不只是戀屍癖式的對肉體蠢蠢欲動的褻瀆，對藝術家而言，更重要的還包含揭露那些屬於精神靈交的佔有與毀滅的暴力想像。告別了有限的肉身、告別道德規範的「陽世」牢籠後，反而引致更強烈的恐懼與吸引的情慾想像。

華人民間宇宙觀裡以父系為主的情慾文化，提供「女鬼」旺盛性慾的聯想。從《春宵夢》到《夢魂術》（圖4），孤寂難耐的自我、投射到另一個情慾想像的「他者」——鬼魂悄悄現形。**在性幻想的支配與被支配的痛感與快感上，兩個「我」變成同一個「我」時，自我同一與矛盾的雌雄同體欲望裡，在進出收縮過程裡無盡的拉拒。生命噴張的極致，就是隨即死亡毀滅之時，這正是精神與肉身合一、也是精神與肉身互相**

毀滅的剎那。生命最難以理解的誘惑之所在，不就是在最快樂的時候毀滅自身？就在這臨界點上，精盡人亡的男性防衛機制在這時湧現，夢醒了，戲散了，是誰魂飛魄散了呢？還是，還好，只是演戲作夢罷了？

圖4、夢魂術，數位影像輸出，2003，吳天章提供

來到「聳而美」的「污穢」高處…

吳天章說：「也許條條馬路皆可通羅馬,我以華麗、幽默、優雅的手法呈現『潛在的人類底層的慾望』是不是一樣可以相通呢？」（註18）。在九零年代後期吳天章進行了多種視覺意象的實驗，這些實驗濃縮了台灣通俗文化與民間信仰既有的視覺意象，以及藝術家探索傳統道德、死亡禁忌與追求情慾之間的矛盾掙扎。透過「僞裝」的超現實複合媒材手法，吳天章試探挑釁社會的界線，也試探藝術市場接收的限度。被藝術家稱之爲「污穢異物」的視覺意象，鑲上金蔥布和亮珠的條飾、透過畫框外柔滑的深色絨布的綿延，閃鑠著既華麗又猥瑣、光鮮又腐臭的挑逗感，莫測高深的偷窺欲與戀物癖的快感，以及越墮落越「聳」擱有力的誘惑。

以「污穢」玩「污穢」

看哪！那敗德所激起的防衛機制—從「污穢異物」（註19）的命名開始，藝術家就先搞起僞裝自宮了，先把越界的欲望向觀者自首吧。來來來！小弟這次搞的是「骯髒」「污穢」限制級戲碼哦，請各位拭目以待。（不過不要也跟著長針眼哦，小弟已經爲各位先演一齣「長針眼」了，請看《合成傷害II》）（圖5）。

那些被稱爲「污穢異物」的究竟是指什麼呢？讓我們開始這段上升至「聳」而美的「污穢」高度的鳥瞰吧。首先，**第一種是以「污穢」玩「污穢」**。吳天章一方面影射死亡與喪葬相關的禁忌，另一方面又加以顛覆。這些被台灣社會視爲污穢與威脅的死亡禁忌，相信與死者直接或間接接觸，可能導致災禍與不幸的恐懼。民間習俗將死者視爲充滿凶厲之氣的污染源，必須透過儀式或其他陣頭、綜藝表演團，想盡辦法將死者的靈魂送往陽界以外的死後世界隔離安頓。

吳天章的《傷害告別式》系列（圖6），那幾幅「戴孝」的遺照式作品裡，乍看像搞佛洛伊德口腔期的自虐，卻又像僞裝成死者，在「告別式」會場上惡搞耍寶（註20）。這一系列作品表達出對於傳統喪禮喜喪不分的荒謬，以及面對死者一去不返的「無情」，所產生的被「拋棄」失落感時，如何透過精神內在的反抗與自我解嘲來擺脫缺憾。《傷害告別式》系列讓人分不清是看得見的自虐「傷害」，還是看不見的精神上或價値觀上的「傷害」；令觀者啼笑皆非，又想入非非。或許吳天章早已察覺到一般人對於喪葬禁忌的恐懼、反感與拒斥都太沈重了（註21），何不透過幽默、戲謔、自嘲、惡搞，來跳脫視「死亡」爲毀滅與終結的無奈；**何不在笑鬧中孕育動力，迎向下一輪生命新面目的出場**。

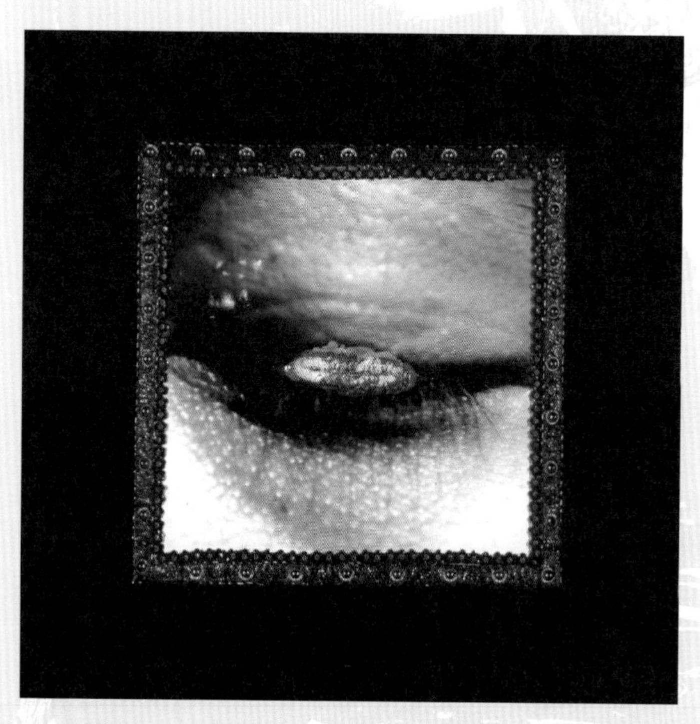

圖5、合成傷害II，綜合媒材，1993，吳天章提供

圖6、傷害告別式I-IV，綜合媒材，1994，吳天章提

異物「污穢」

第二種「污穢」不同於第一種，是在不該長東西的地方長出「異物」，而這些「污穢異物」仍帶有吳天章追憶童年的戀物癖，總是既排斥鄙夷又被撩撥吸引。吳式的曖昧感讓人摸不清這樣無厘頭地在身體部位長異物，是疾病、傷害、懲罰、還是自虐惡搞呢？看看《合成傷害I》（圖7）那貌似醫學黑白相片的胸部，長出靈芝、滲出黏稠分泌物（彷彿男性或女性的體液），像五、六零年代那些四處流浪、甚至招搖撞騙的江湖郎中，故意展示當時社會衛生習慣尚未改善前，所導致的身體局部疑難雜症的誇張病變，來吸引注意。

對疑難雜症的懷舊再轉化，吳天章將之誇大，讓異物長的部位與形狀，產生「道德」禁忌與「性」的曖昧聯想。在《合成傷害II》畫面上，黏在眼睫毛上、讓人睜不開眼睛的黏稠海參屍或蠶繭屍，像一般民

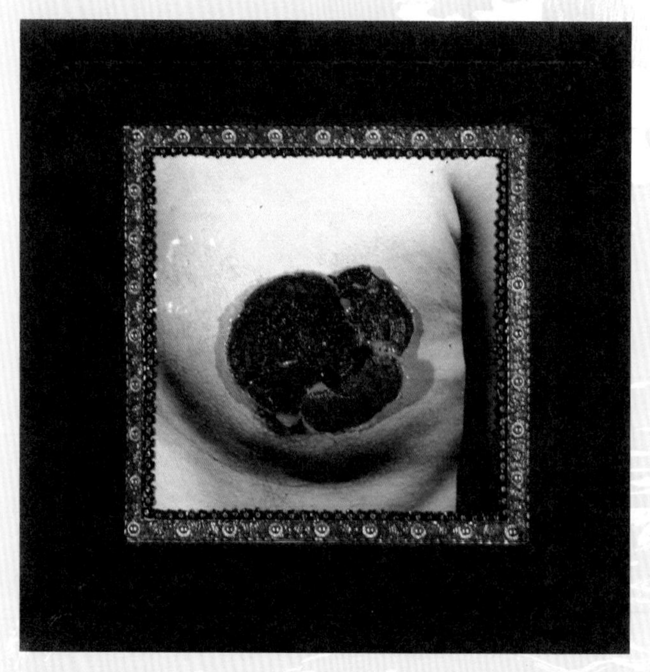

圖7、合成傷害I，綜合媒材，1993，吳天章提供

間認爲看見不該看見的東西，以致於長針眼的症狀。污穢物還帶有敗德的懲戒警告的意涵（註22），藝術家似乎頑皮地暗示觀者——小心！你也正在看「不該看」的東西哦。

再看另一幅在不該長東西處出現「異物」的作品《情慾海》（圖8）。那腥臭又綴飾珠寶的魚身口中，伸出一截塗有粉紅指甲油的性感手指，撫摸著那看似泥淖又色澤曖昧的深色絨布。畫面上彷彿散發腥臭腐敗的氣味，讓人想掩鼻，卻非但沒被隔離，反而正經八百地放進以金蔥亮片與花簇鑲邊的畫框裡，掛在展示場潔淨的牆面上。「污穢」意象沒被唾棄反被高舉的曖昧情緒，是吳天章作品對於「勿看」、「勿觸」、「勿食」等感官禁忌的踰越。**吳天章透過「錯置」的視覺意象的踰越，揭露了被壓抑與否定的本能衝動，藉此進入視覺意象尚未抵達的心靈深度，乘著下墜欲望的重力，尋找生命本眞的面目。**

圖8、情慾海，綜合媒材，1997，吳天章提供

道德禁忌最底線的「髒」

第三種「骯髒」、「醜陋」是亂倫禁忌的試探。這是除了喪葬、死亡禁忌所帶來的「不潔淨」，以及視覺心理不符衛生乾淨的黏稠腐臭的「骯髒」之外，挑戰華人社會道德禁忌最底線的「髒」，甚至帶有「罪惡」的譴責。在兩幅《親密家庭》系列（圖9）裡，觀者像潛進陰暗、混濁、悶滯、發霉的閨房一隅，屏息偷窺一場猥瑣、不登大雅之堂的偷情。主角們呢，腥紅絨蝴蝶結遮住了雙眼，彷彿置身在遮掩身份、為所欲為的化妝狂歡派對。

在《親密家庭I》裡嬰孩的小腳丫子，似乎踢撫著母親豐滿的乳房，在《親密家庭II》裡小男孩的小手正深入那位「母親」的裙底，兩人都露出了性快感般的神秘笑容。一旁魚缸中兩條對望的魚，和魚缸上正視畫面卻像目空一切的肥貓，似乎正悄悄進行一齣不為人知的詭計。**吳天**

圖9、親密家庭II，綜合媒材，1996，吳天章提供

章不像某些超現實主義者，以優雅浪漫的畫風製造聖像般的詩意，來作爲反諷或障眼法，偷渡亂倫敗德的挑釁。反而表現手法與表現主題雙管齊下，一起搞「聳而廉」的贋品式實驗，在僞裝春宮畫的「性」意象裡，夢魘般地如眞似幻。弔詭的是，這種直接出手的「戀母情結」亂倫主題，反而宛如另一種更深不可測的欲望不滿的僞裝。吳天章偶而爲之的大膽露骨的情色意象，不知這些苦心製造的「低俗」與「廉價」的挑釁背後，是否還埋藏著藝術家面對現實社會裡，親密關係崩解時，難以意表的折磨與吶喊。

「汙名」民俗娛樂性挑逗

第四種「污穢」—具有性挑逗的性別認同曖昧感。如上所述，華人文化裡對於反串扮裝並沒有禁忌，但是牽涉到性意識的直接表達或隱喻時，就被冠上「低俗」、「污穢」、「下流」的聯想。儘管在民間廟會慶典裡，性挑逗被視爲狂歡節式的民俗曲藝裡的娛樂重點，但是那些強調禁欲或「性」的禁閉私密性的社會機制者，仍然貶抑與污名化民俗娛樂的性挑逗，藉此來達到對於普羅庶民性慾上的控制。

吳天章性別認同的曖昧手法，同時顚覆藝術作品在情慾上和階級意識上的設限。《戀戀紅塵II——向李石樵致敬》將李石樵原作《市場口》典雅寫實風格的菜市場裡、暗藏階級張力的驚鴻一瞥，換裝成暗室裡虛實交替的情慾掙扎。吳天章對於陽光下的美女，總是懷著一窺其陰暗面的曖昧情慾想像。**在吳天章所凸顯的「低俗」與「污穢」的視覺意象裡，「次」文化的僞裝意象，反而像照妖鏡一般，照見菁英文化所標榜的典雅、潔淨、高尚的視覺意象底下，更多已經失落的血肉與活力。**

吳天章並沒有要重現或複製社會現實，而是透過視覺意象上的再創造，將欲望的戰場拉回到明暗、正邪、好壞、墮落與超拔，難分難解的臨界處。**陰暗因爲有光作爲反差，彷彿一塊絨布上所展現的光彩與陰**

影；腐朽來自金玉其外與敗絮其內的反差；荒謬來自將現實的矛盾強行縫合，所造成理性判斷上的兩難。而以上這些又都在吳天章視覺「僞裝化」的不確定感裡，引人進入眞假難測、曖昧與神秘的意境。

「污穢異物」的意象，和之前所提及的欲望想像的「他者」之間關連密切。在吳天章的視覺意象裡，「污穢異物」並非負面否定的標籤，而是具有顚覆與踰越意涵的「否定」——跨越性別、跨越階級、跨越年齡、跨越族群，甚至跨越道德（亂倫、戀屍癖）與跨越生死。「污穢異物」在此不只是特定實體，而是藝術家創造出來的一齣齣視覺意象的事件（event）。

那些「污穢異物」從「事不關己」的「物」，變成了和生命休戚與共的「你」。藝術家沒有義務要說服觀者如何「告別傷害」、「告別死亡」、或者「找到新身份認同」，因爲藝術最重要的就是：把每一個「我」捲進來、一起凝視那還無法凝視的「你」—情慾禁忌、死亡禁忌、權力禁忌，以及進入那還沒被看見、還無法言說、介於意志整體化與意志虛無化的歇斯底里臨界點。然後，再從「你」「我」之間離開，因爲，所有將藝術創作收納到想像共同體的權力意志，都只是藝術精神的土壤與發射站，而不是最後的目的地。

「邪邪」魔術秀的精神「分裂式」

2000年之後，吳天章依然繼續各種視覺意象的實驗風格，從虛幻中製造眞實，和觀者玩著眞假難辨的迷藏。吳天章透過數位攝影的技術之助，完成比本尊更寫實的複製，以及不著痕跡的塗改／增刪／拼貼，將他向來眷戀的「繪畫」的「現在進行式」的「過程」，繼續融入「攝影」「過去完成式」的「瞬間」。但不同的是畫面中的「戲碼」，顯然已經異乎從前了。

觀看吳天章在2000年之後的作品，彷彿走進一場怪誕「邪邪」的綜藝魔術秀。這種怪誕詭譎不只是影像中的人物特質，還包括吳天章所使用的電腦合成的「技法」，所製造出來的「形上」意涵。最明顯的「變形」想像，一種是吳天章運用「分身像」的概念（註23），讓畫面上的主角一分爲二，另一種則是將模特兒容貌體態加以扭曲變造，成爲唐氏症、侏儒或遲緩兒等異乎常人的視覺意象。

「分身」只是一種視覺上影像合成的技巧嗎？還是包含潛意識裡「我」追尋另一個「我」時的曖昧情愫的「視覺化」呢。「分身」同時帶有自我「同一」的渴望，以及踰越自我「同一」的「分裂」欲望。當兩個「我」忽然現身眼前，那種不可能的可能性——「就是他！」的驚訝，把潛意識裡的對立曖昧性，從不可見的想像拉到可見的畫面來印證，宛如不可思議的夢境或魔術幻象，「眞實」地出現在眼前。「分身像」在吳天章的數位影像裡，有時像是「我」的鏡面般反射，有時像打破或消滅「我」的「主體性」的強敵。**或者，「分身」其實是「我」最深的黑夜與最迷惘的誘惑，那種逼「我」消失、取而代之的潛意識裡最「邪」的恐懼**（註24）。

但是「分身」的概念再加上「變形」扭曲，又將呈現怎樣的視覺張力呢？《永協同心》（圖10）裡協力車上一分爲二、身殘形缺的特技團團員，紅豔的彩衣禮帽下，濃妝裡綻放著殭屍般的笑容。《黃樑夢》（圖11）則在曖昧光線下，「分身像」的馬戲團侏儒「王子」，騎在小丑背

圖10、永協同心，數位影像輸出，2001，吳天章提供

圖11、黃樑夢，數位影像輸出，2002-2003，吳天章提供

上，風光亮相。《同舟共濟》（圖12）圍繞在遺照般陰影下，四位唐式症的小丑踩高蹺、擺出划龍舟的故作歡樂狀。《日行一善》（圖13）則籠罩在冷桃色系的氛圍裡，「分身像」的中年侏儒童子軍看似風霜又像孩童的神情，一左一右抬擔架，和抬擔架上肥腫、綁著染血繃帶的遲緩症女子都面露微笑。

這些影像，彷彿我們都看到笑的痕跡，但卻都聽不到笑聲（註25）…吳天章這一系列「邪邪」異人誌作品，詭譎地和目前藝文圈裡所瀰漫的都會中產階級品味——乾淨、健康、優美、高檔名牌的氛圍保持距離。這種距離感卻又在更深處藕斷絲連，若隱若現地折射出另種不同於九零年代「假假」風格的精神變貌。

九零年代「幽靈」的「沙龍照」風格下場休息，換上場的變成了「邪人」、「殭屍」魔術秀的「劇照」。不過，這些吳氏「假假」的魔術團「劇照」，不只是沙龍照風格對於中產階級或大人物階層阿Q式精神的反諷；也不只是透過「意淫」逝者的情慾禁忌，企圖對於中產階級的社會道德暗諷與戲謔。我認爲2000年**過後吳天章這一系列作品，尤其到《日行一善》（2007），所提出的僞裝與矯飾風格，帶有將「鬧劇」與「悲劇」互相偷渡的實驗，企圖從「形而下」的物質感的迷亂，通透到「形而上」精神狀態的「分裂式」**。

在此，一個有趣的問題可能早已浮現了：吳天章爲何一直都在搞「僞裝」？到底要「假」到什麼時候呢？其實，答案就在問題裡面。或許這種一直都讓觀者意識到的「僞裝」，其實是「假假」「眞」迷藏。原先以爲「眞實」與「虛假」的界線，並不見得是眞正的界線。相反地，原先以爲「眞實」的，可能反而是「假」的僞裝。**這難道是吳天章長久以來拒絕對於眞／假劃出臨界線的表態嗎？還是，正好相反，他一直提供我們來到眞／假臨界線的「箭頭」指標，他的作品就是臨界線的自身呢？吳天章這一系列我稱之爲「邪邪」魔術秀的作品，至少具有三種視覺意象上的精神「分裂式」**。

第一種精神「分裂式」，在於吳天章將目前消費社會所熟悉可見的

圖12、同舟共濟，數位影像輸出，2002，吳天章提供

圖13、日行一善，數位影像輸出，2007，吳天章提供

強弱權力現狀，來了個「狂歡節」式的變裝秀。**這種狂歡變裝秀的戲耍作用在於：從低俗、遲緩、污穢、贋品、殘缺、被邊緣化的異常中，提煉出彷彿「狂歡節」的去階級化一所有尊卑、大小、強弱、智愚、哄笑與悲慘都將融爲一體**（註26）。

吳天章讓那些原本被蔑視鄙夷、被遺忘的「卑賤」者、不幸者或邊緣者，透過扮裝秀裝模作樣的體態，以及數位攝影高畫質合成，將那些坎坷幽暗的人生縐摺——「殘缺」與「過度」（發育太慢、太快老去、太胖、太矮、太醜、太笨…）所造成的命運陰影，風光地「定格」。**這種「定格」彷彿正面凝視命運的暴力捉弄，讓不幸者與被鄙視者，剎那間享有被「加冕」一般的虛榮。吳天章透過這些像孩童又像老者、長太快又長太慢、混雜著「形殘貌醜」、「贋品」與「異常」的變形扮裝「定格」，逼出內藏在「剎那一永恆」變化之間生命「顯眞」的靈光，以訕笑或微笑對殘酷命運的漂亮回擊**。

第二種精神「分裂式」，與第一種「狂歡節」精神狀態之間，則出現了眞／假認同差異上的分裂張力。**第二種精神「分裂式」的特色，反而揭露了第一種「狂歡」節凝視的精神僞裝**。請看，這「狂歡節」並非你原先所認爲的狂歡節氛圍啊！藝術作品、觀者、展場之間的關係，並不是打成一片的「嘉年華」。相反地，**數位攝影輸出的作品，透過吳天章向來刻意製造的誇張、僵化疏離又帶有溫潤陰森的冷色調，我們所看見的只是嘉年華式視覺氛圍的僞裝，其實更像一場喪葬儀式裡，不可見的非人類、鬼靈妖怪的歡樂派對**。

當觀者看到這些作品的時候，可能並沒有參與廟會慶典或者狂歡派對時的快感。觀者無法在眾聲喧嘩、縱情吃喝玩樂中，暫時遺忘自己在現實世界裡的身份與處境。相反地，觀者冷靜警覺地、甚至忐忑恐懼地，凝視牆面上這場被「定格」的歡樂葬禮：陰森的色調、如封似閉的場景、詭譎的微笑、又老又小的侏儒肉身、被強行扭曲靜止的表演動作。

觀者開始意識到，眼前這些主角們彷彿一群濃裝豔抹、穿著體面壽衣來表演綜藝秀的逝者，他們正在歡渡自己與他人的死。或者，這些主角們像那些以手工紙紮的俗豔靈厝周邊的金童玉女與神話人物，正準備將身爲死者的「我」送往西天極樂世界。

意識到這層的「我」正在歡送死去的「我」時，毛骨悚然的恐懼感刺穿了消費文化想把一切物體系的符碼，納入虛擬的物化、安全化、可買賣交換的掌控模式。因爲這一切都已經來到生死禁忌的臨界線了，「我」的死無法被「我」所消費，「我」一死就陷入難以測度的想像深淵了。從僞裝的嘉年華到「歡樂」的喪禮，那難以被對象化、難以被化約的「他者」竟然與「我」如此親密，彷彿那些異「人」就像「我」的「分身」一般一死亡、消逝、虛無化，欲蓋彌彰、昭然若揭。

這時，我們來到**第三種精神「分裂式」，我稱之爲僞裝的「支離疏」**（註27）。上述的僞裝嘉年華中欲蓋彌彰的死亡禁忌，所展現出來的怪誕與距離感，並沒有來到因爲揭露虛無、消逝、死亡與生存之間的巨大張力所激起的恐懼感時，就嘎然而止。那種起初的隱藏與後來的辨認所造成的戲劇張力，以及在「有限」抉擇中去對抗「絕對」與「無限」的悲劇性格，只屬於悲劇英雄式的自我淨化、自我超越、爲理想犧牲、生命只此一遭、直線式時間觀的絕對化美感。這並不見得是吳天章這些作品裡所關注精神狀態或者「靈光」所在。

吳天章所企望的「僞裝」或者「矯飾化」美學，帶有一種詭譎的「笑」的姿勢，看見「置於死地而後生」、「方生方死／方死方生」、「一切都可以重新來過」的生命意志。必須具有深入虛／實辯證運動中抉擇的核心，才能在那奔流向終點的關鍵時刻，奮力一縱跳出這場戲之外，開創另一次生命劇場新生的機會。**「重新來過」並非逃避推託的藉口，而是生命意志面臨否定的危險臨界時，所翻轉出來的「笑」的豁達與契機**。既然現實生活裡無法企及，何不透過藝術來製造幻見、享受幻見呢。

吳天章藉由攝影畫面的停格靜止，不動如動，讓這些作品中彷彿消逝的人物，像招魂一般從過去走向現在。另一方面，**卻因爲停格之故，**

他們不動的彩妝打扮，更像不動的屍身，或者說即將被時光燒化的有形物身。明明沒有生命，卻僞裝有生命，明明是消逝的剎那，卻僞裝見證永恆的祝福。

這些享有「殊榮」展示在我們面前的主角們，不是叱吒一時的風雲人物，也不是大眾傳媒裡的流行偶像或寵兒，而是幾乎未曾在我們記憶裡停留過（卻曾經活躍在電視機尚未取代真人的六零到七零年代的綜藝特技秀場）（註28），一直躲藏在客觀社會現實與主觀意識的邊緣與暗處─那些被視為底層、污穢、卑賤、受詛咒、彷彿《莊子》內篇〈德充符〉中形殘貌醜的奇人。**透過數位攝影，他們可以一再複製不會消失，作品的意象弔詭地接近「不死」，而作品所流露的死亡況味，卻像一再進行喪葬儀式的綜藝表演。難道這就是莊子「方生方死／方死方生」的現代贗品版嗎？**

無所不在的「僞裝」謝幕

如果說吳天章一九九零年代「假假」沙龍照，具有對於一九六零年代的反諷與戲仿，透過把「我」投射或扮裝成另一個不是「我」的「我」，來突破禁忌，對抗或反諷權威所造成的壓抑與疏離的心理陰影。那麼，兩千年過後「邪邪」的異人秀系列，依然是對於過去「那個時代」的回溯與禁忌的踰越嗎？或者其實物換星移，物質條件與時代精神的戰場已經不一樣了，整個時代氛圍已經轉變了。

從上世紀末到這世紀初，**吳天章的「僞裝化」創作風格，已經變成探討一個封閉的共同體裡，不管是否面對外在強權，都一再「僞裝」的精神狀態了**。或者基於一直有外力壓迫，或者被外力所迫的意識已經內化到不再在意是否有外力來源了。爲何一再僞裝？爲何繼續裝模作樣？如何看待必須以「僞裝」、扮裝來贏得注視的自我肯定、自我匱乏與自我欺騙的矛盾心態呢？在扮裝中究竟是把自己封閉起來、還是反而成爲另一種無所不露的暴露狂呢？

狂歡節的「笑」是對生活的危機而笑，因爲「笑」鬆動了原先戒備森嚴或劍拔弩張的秩序。**對危機的笑，帶有希望的肯定和譏笑的否定**（註29）。**但歇斯底里的「笑」，並沒有面對危機，而是陷入自以爲跳脫危機的幻見之中。那麼，僞裝的歇斯底里呢**？**在吳天章視覺意象裡那深藏「僞裝」中、看不見的「冷笑」，堪稱對當前社會自我膨脹又自我疏離的精神「分裂式」傳神而幽默的「定格」。以無所不在的僞裝，來戲仿自我封閉裡的衝突與匱乏，以及在自閉中不斷內爆、虛張聲勢、瀕臨歇斯底里的狀態。**

藝術家彷彿眼見狂奔向「未來」或「末世」時間即將終結，趕緊以「決定瞬間」的「攝影」定格，趕在被擠壓到最緊迫的時空裡，爲不堪回首的人生，按下快門，留下一次又一次完美謝幕的「僞證」。再藉由爲「我」「送終」的僞裝下，進行更深不可測的自我遁逃；製造永遠「揮別」的同時，卻又偷偷地以「易容術」出場。

這是眼前台灣的精神狀態嗎？是吳天章的視覺意象嗎？還是「我」這位書寫者的幻見呢？或許這場書寫吳天章，只是另一種擦身而過的逼眞「僞裝」。但藝術家究竟想說什麼呢？傅柯(Michel Foucault)不也幫吳天章說過：「不要問我是誰，也不要要求我保持不變」。欲知吳天章是否就是「眞正」的吳天章？吳天章視覺魔術秀，進行中，請進。

感謝藝術家吳天章在畫作與創作理念等資訊上的協助，感謝台北市立美術館陳淑鈴小姐與典藏組同仁在觀看原作時的協助，感謝劉韋廷先生、李峰銘先生、陳玉樹先生、陳琬琦小姐在文字資料、影像與錄音整理上的協助。

＊本章注釋

1. 本文曾以〈真正的吳天章，就是吳天章？——試窺吳天章的視覺意象〉為題，發表於台北市立美術館出版的《現代美術》第136期（2008.02）頁30—51。後收錄到《旗艦巡航——台灣當代藝術選粹（二）》併譯為英文（2008.11），頁130—164。
2. 黃春秀，〈中國人物肖像畫試析〉，《史博館學報》第十期（1998），頁153。
3. 羅寶珠，〈歷史/現實・虛擬/妄像的同構與拆解—吳天章的藝術歷程〉，《現代美術》第121期（2005），頁40—41。
4. 陳香君，〈吳天章：笑畫批判家國的史詩〉，《典藏今藝術》2003年1月號「藝術檔案・社會閱讀」，頁113。
5. 在中國民間禁忌裡曾認為將人畫成漫畫、把某一身體部位、特徵誇大，所表現的幽默或諷刺，對被畫者而言是難堪的恥辱（莊伯和，〈民間肖像畫談〉，《美育》99期（1998），頁34）。因為這些畫像並不只是色彩與線條的視覺元素，而是包藏作畫人有意或無意地掌握畫中人神韻、干預了畫中人的未來。這種不可見的命運機緣的操弄權，即使是獨裁強人在民間信仰的體系裡，也不例外。萬物有靈的信仰認為宇宙力量之間有其互動關係，物物之間並沒有因為一個對象目前享有帝王般的至高尊榮，就任其變成像基督宗教的上帝一般，永恆不變、全能無敵。相反地，它依然要參與在和他人互動的命運變動之中，即使被視為一國最高權威的君王畫像也不例外。
6. 根據2007年11月10日對吳天章的訪談。參見姚瑞中，〈攝魂術還是夢魂術？吳天章的數位輪迴〉《大趨勢》藝術雜誌：吳天章專輯，春季號（2004）頁72—73。
7. 在此請容我借用本雅明(Walter Benjamin)在〈攝影小史〉裡對於「靈光」的使用，詳見本雅明，《迎向靈光消逝的年代》，許綺玲譯（台北：台灣攝影，1998），頁27—40。
8. 詳見陳映真，《石破天驚》，〈台灣經濟發展的虛相與實相—訪劉進慶教授〉（台北：人間，1988）頁177—192；陳映真，《反對言偽而辯》（台北：人間，2002），頁31—33；楊渡，《強控制解體》〈導論——強控制解體的年代〉（台北：遠流，1988）。
9. 陳儒修，《台灣新電影的歷史文化經驗》（台北：萬象圖書，1997），頁29—34。
10. 吳嘉寶http://www.fotosoft.com.tw/book/papers/library—1—1005.htm；羅青，《什麼是後現代主義》（台北：學生書局，1989），頁317—318。
11. 莊伯和，〈民間肖像畫談〉，《美育》99期（1998），頁34。
12. 根據吳嘉寶的說法，「台灣攝影文化的第一次開花期，也是沙龍攝影在台灣攝影史上的全盛期。時序可以從台灣光復初期的 1950 年左右計算到 1960 年代中葉為止。」「在 1970 年以前不食人間煙火、不但無法獨自開創新局甚至還與世界攝影思潮發展開始脫節的的沙龍攝影，就成了這段時期台灣攝影文化的唯一顯學了。」http://www.fotosoft.com.tw/book/papers/library—1—1005.htm。郭力昕，《書寫攝影》（台北：元尊文化，1998），頁34—35。
13. 吳天章說：「青春稍縱即逝，我要青春泡在福馬林的感覺」，2007年10月2日對吳天章的訪談。
14. 引自吳天章2007年11月12日回覆我的電子郵件。
15. 引自吳天章2007年12月01日回覆我的電子郵件。

16. 這部份吳天章與藝術家黃進河有異曲同工之妙，詳見本書〈形可形，非常形—黃進河的視覺美學〉。

17. 〈紅玫瑰・白玫瑰〉是《戀戀紅塵II——向李石樵致敬》這部影像創作的現場音樂。

18. 引自吳天章2007年11月29日回覆我的電子郵件。

19. 黃海鳴，〈滲出豔麗、慾望及記憶的洞口—試分析吳天章97個展中的時空結構〉，《山藝術雜誌》90期（1997）頁103。

20. 黃海鳴，〈台灣當代藝術：虛擬聯結・批判・歸復共時交識的三種現象〉，《台灣台灣—面目全非》（台北：台北市立美術館，1997），頁24。

21. 佛洛伊德(Sigmund Freud)，《圖騰與禁忌》(Totem and Taboo)，楊庸一譯（台北：志文，1986），第二章：禁忌和矛盾情感。

22. 根據吳天章2007年11月12回覆我的電子郵件。

23. 「分身像」通常是指將同一位拍攝對象，照兩次後，合成同一畫面。參見陳申／胡志川／馬運增／錢章表／彭永祥合著，《中國攝影史》（台北：攝影家，1990），頁111。

24. 杜斯妥也夫斯基（Fyodor Mikhailovich Dostoevsky）的小說《雙重人》(The Double)裡，具有強烈自尊心的小官吏柯里亞金，鄙視工於心計與巧言令色，但這位主角在自尊極度受辱之際，他所鄙視的性格現身，在小說裡成為柯里亞金第二，主角不斷被自己腐敗殘酷的分身之間的衝突糾纏，終究被送入精神病院。詳見《雙重人》，邱慧璋譯（台北：爾雅，1976）。

25. 巴赫金（M.M. Bakhtin），《巴赫金全集》第五卷《陀斯妥耶夫斯基詩學問題》（石家庄：河北教育，1998），頁219。

26. 《巴赫金全集》第五卷，頁162—163。

27. 「支離疏」借用自《莊子》內篇〈人間世〉與〈德充符〉的概念型，指形殘貌醜者，自己忘其殘缺，也讓別人忘其殘缺，在此，我引申為吳天章透過「劇場化」的視覺意象，作為一種可以達到忘其殘缺、「方生方死」「方死方生」意境的偽裝。

28. 2007年10月9日對吳天章的訪談，以及11月29日吳天章回覆我的電子郵件。

29. 《巴赫金全集》第五卷，頁166—167。

跨界游離

——陳明才劇場藝術初探

阿才不見後，這個原本不認識他的人，卻因緣際會地忽然像著魔一樣，開始像狗仔隊一樣地追起這個人。難道是自童年以來就常幻想愛上鬼的潛意識在作祟嗎？還是「不在」變成「無所不在」的「魅」影與魅力呢？我進入一場現世的阿才關落陰，一場讓自己尷尬、自尊受損、自信掃地、卻又充滿難以承接的靈魂蛻變。如果說寫黃進河讓我接觸到民間被視為猥瑣、低俗、下賤的慶典內裡，那麼寫阿才，我面對的是和看見我自己最切身的「偽裝」，阿才總是想撕下和他相遇的每個人的面具，讓大家血淋淋地、不忍卒睹地，在裸裎中或者逃逸，或者掩面、或者哭泣、或者狂笑。

跨界游離—陳明才劇場藝術初探（註1）

藝術的靈魂不是定居，是流浪

宛若先驅和瘟疫的藝術家

人存在於世界上，透過有形可見的媒材來展現自己的情感、概念與價值。這種展現是人探索生命自身朝向那超越自身之外、向著「無限」的運動，也同時是藝術在自我表現上的動能。在此，無限的運動所指的，是生命不斷地去突破自身現有一切限制的行動，包括自己探索內在私密世界的幽微與廣闊，以及透過和外在「他者」之間的相遇所產生的強弱、好惡關係。

這些互動關係因為被擠壓在「連結」或「在…之間」的緊縮性、延展性與速度感，而製造出無與倫比的有形與無形的生命能量激盪。至於私密世界裡「我」的廣闊與幽微，以及與「我」之外「他者」的伸／縮，總是座落在現在與過去、未來的每一段時間差裡互相交織、吞噬、重生。

繪畫、音樂、劇場就是上述私密性的生命收縮與延展的有形可見狀態。藉由這些可見可感的藝術場域，藝術家們將個人生命能量放射出來，向不同時間和空間的心靈放射。讓其他的心靈，尤其是被隱沒或禁錮的心靈，得以與之共振、解脫，體驗到生命力之間在上升與下降、衝突與共融、主動強勢與被動弱勢之間能量的激盪，進而找到真正的自在逍遙。因此藝術作品不只是一座回憶、模擬創作者過去生命的紀念碑，而是透過作品去編構、拼裝、孕育出不同時間差裡的生命動能的進行式。

藝術家並不只是追求一般所認爲的創作形式的「和諧」、倫理道德上的「合法性」，或者成爲主流價值裡的英雄典範，藝術創作更包含對一般所認爲既有的和諧形式與價值的顚覆。**藝術的靈魂不是定居，是流浪。眞正的藝術家永遠對創作不安於室，不斷地突圍，從衝突矛盾中展開無盡地對抗辯證。**藝術家不斷地進行粉碎先前的自己、淨化自己、突破自己，再返回或超越、甚至毀滅自己的一趟精神上邁向無限的運動，儘管，有限的肉身在歲月中將衰老消失。

這種不斷往無限探索的浪跡之旅，一直是古往今來的藝術精神之所在。藝術家不斷地把我們帶往想像力、感官知覺、甚至是倫理價值判斷的邊緣。**藝術家總是像一道龍捲風式的風暴，襲捲了所有和藝術家相遇的人，不管是眼前還是未來的共鳴者，一起去冒險——共舞、肉搏、交合。拆解原來被當作「是」與「肯定」的版圖，去爭奪一次又一次新的戰場！**

爲何藝術家會處身於「邊緣」呢？邊緣從何而來？「邊緣」的出現難道不正是對於強勢的價值觀提出挑戰，企圖從這個強勢價值的權力版圖，走出去的突圍嗎？**當藝術家意識到強勢價值觀的侷限性，而與之區分的時候，他**（註2）**已經站到這套強勢價值觀的底線上。這時，他必須犧牲所有迎合強勢價值所獲得的利益，以及因爲對抗強勢價值，而遭蔑視、打壓、詆毀，甚至排除的代價。這種企圖對各種主流強權的版圖提出挑戰，不斷地處身於強權之外邊緣位置的戰鬥狀態，我稱之爲藝術所具有的跨界流離狀態。**

這種突圍、游擊的跨界游離，並不是要在既有強權之外建立另一個強權中心，而是他自身就是一再拆解自己，不斷流離、不斷地自我衝突、矛盾，徘徊在同一性的維持與崩解的拉扯中，隨時處於衝突的張力下，以衝突做爲推動自身繼續游離的動力。這種衝突的自覺意識，不斷地去發現，在彼此對等的角力下產生相生相剋的動能與距離。對這些吸引與排斥力量之間強弱互動的洞察，讓游離者明白，脫離既得利益的強勢支配保護傘之後，因爲對等關係所產生的緊張、沮喪以及自由、冒險。

這類不斷地從主流跨界、突圍的藝術家，宛若大地上的先驅、龍捲風、甚至是洪水、瘟疫。他們因爲對抗既有的社會主流價值，而被判定爲不入流、不合格、失敗者、敗德者、異類、癲狂者。藝術家逼使人們撕下僞善的面具，正視眞實的自我。**他們揭發謊言、怯懦、卑鄙的人性，以及那已經滲透到所有感官內裡的惰性**（註3）。他們帶來衝擊、也產下了種子，四散紛飛，等候在未來的萌芽。處於邊緣的藝術家最終或激情或沮喪地戰死在自己理想的沙場。

不過，他們當中甚至有些無法成爲悲劇英雄，因爲那些藝術家只忠於自己，忠於上蒼與他們個人之間獨特的應許。他們對於「集體」的貢獻，可能尚未獲得同世代的認同與肯定。或許有朝一日，未來的後繼者追封他們進入歷史記憶的萬神殿，但那已經不重要了。因爲對他們個人而言，只要作品能僥倖被保留下來，那就有與未來的知音相逢的機會，在相逢的剎那將達至藝術心靈之間的相映。他們將劃過每一朵心靈時空的流火，成爲照亮夜空，與星月映輝的另一幅流動星圖。

在這章我要提出的正是這樣一位流星般的藝術家—陳明才（1961—2003），他的藝術創作以及生命歷程，宛若一幅在衝突與游離中觸及「無限」的流動星圖，在二十世紀末到二十一世紀初的台灣，展現了非常多層次的「跨界流離」的震撼力。這幅流動的星圖，透過陳明才既憂鬱又幽默的矛盾特質與藝術才性，映現出台灣自一九九零年年代到二十一世紀初期，後解嚴時代那些台灣非主流藝術對主流價值撞擊的縮影，也彷彿是台灣藝術創作一直在強勢美國、中國與日本文化影響下迎拒、掙扎、混同的多聲部對唱。

半是遊戲、半是褻瀆

陳明才在一九八零代末期的台灣主流劇場藝術圈異軍突起，批判當

時劇場界依然明顯的「大中國」意識型態，以及都會中產階級的保守風格。遠離台北藝文圈回到台中家鄉後，陳明才繼續以繪畫、裝置藝術、劇場的再結合來開拓他對於藝術理念的表現風格。

不論是在中部平原、還是到921地震災區，或者最後移居台東都蘭，陳明才找尋批判都會菁英文化、批判階級偏見、批判父權價值、批判族群沙文主義的藝術形式，直到2003年投海消失人間。陳明才所捲起的對於主流藝術圈的突圍、游擊式的藝術運動，也彷彿當前台灣面對國際間強勢文化的鬥爭角力，找尋自我認同時，另一條化阻力爲助力嘗試；藝術家從跨城鄉、跨族群、跨性別的另類衝突美學，找尋生命柳暗花明的契機。

我在陳明才可見的肉身謝幕後，因爲淡水殼牌倉庫的展覽「寶島發才—奇怪的溫度祭」（2005），才開始認識他。這個展覽應該算是繼十七、八年前陳明才在主流劇場界大放光芒的《開放配偶（非常開放）》、《七彩溪水落地掃》之後，再度大幅登上主流媒體版面的新聞事件（圖1）。

圖1、淡水殼牌倉庫「寶島發才—奇怪的溫度祭」，2005，陳少維攝影、提供

可惜不敵台灣媒體向來把藝文活動作爲打書、打歌、打知名度的短線炒作，配合陳明才手稿編輯成書的《奇怪的溫度》出版的打書熱潮，一下子就像一場船過水無痕的嘉年華，消失在拼命爆料、推陳出新的資訊消費社會的洪流之下。不過，並沒有消失在我的印象中，反而從看了《奇怪的溫度》和《陳明才不完全手冊》（註4）之後，我彷彿進入一場台灣另類當代劇場的入會禮，窺見了某一類非主流藝術戰線游擊隊的祭儀。

陳明才沒有成爲悲劇英雄，正如齊克果(SØren Kierkegaard)所說的悲劇英雄承擔的是主流社會所賦予的爲大局犧牲的典範（註5），而陳明才「離經叛道」的抉擇來自青少年起半是遊戲、半是褻瀆的「殘酷」心願一家破人亡、流離顛沛（註6）。有誰會頌揚一位終生以自虐、自毀、自嘲爲人生目標的苦行僧？這種挑釁社會穩定鐵律的狂人，向自己宣戰，也簡直就是向全世界宣戰。

只是，這場戰爭的慘烈，難道只是對主流價值的創作理念的戰爭？不也包含對自己陰暗面的逼視，所面臨的躁鬱狀態的折磨？有誰可以看出，在這種追求不斷毀滅、卻也不斷直視自己殘酷心性的過程中，那貫穿其中驚人而弔詭的創生、突圍又帶有戲謔的意志力呢？莫非，這正是神話中那條不斷把自己吃掉的銜尾環蛇(Uroboros)作爲大母神原型的矛盾運動（註7）？陳明才寫道：

> 我是從矛盾下手的，連串的過程製造或激發矛盾對立與衝突，逐步面對自己內在的眞實恐懼與人性本質的醜惡殘酷，進而不自覺的從恐懼憤怒屈辱、戰役、荒誕不經、滑稽、類唐吉柯德的、扭曲的愛欲、性欲與血腥暴力中漸次達到自我治療的效果。（註8）

獰猙之美與憂鬱的幽默

衝突從哪裡開始？生命既然宛若「一條幽靜的長河」（註9），卻又不斷地想捲起底層和外邊的滔天巨浪。藝術家個人意志與外在世界所產生的衝突矛盾，在劇場形式的表達裡，格外層次分明。演員意識往往是眞實生命與劇場角色之間製造衝突的起點，我們就先從感覺的衝突越界開始吧。法國劇場奇才阿鐸(Antonin Artaud)曾說：

> 劇場是萬物表現最全面、也最完美的象徵，但演員身上已載負著這種狀態的成分，載負著這條血路，每當他蓄勢待發的器官自睡眠中甦醒，便能通過這條血路，進入其他各條通路（註10）。

眞實與虛構的血路又該如何打通呢？在學生時代的表演體驗裡，陳明才捕捉了這種穿梭虛實的張力——穿梭於戲劇內外生命現場既恐懼、又神往的體驗。透過劇場藝術的形式，陳明才揭露了戲劇裡根源於人性血淋淋的爆發力。一九八七年陳明才擔任鴻鴻（閻鴻亞）所導演的國立藝術學院《射天》劇碼的主角。在排演期間，陳明才意識到一股強大而奇特的力道，企圖逐步吞噬他意識中所扮演的角色，陳明才每一時刻都在所主演的角色以及這股力量之間拉扯。這種拉扯「被拉出了很多身不由己、從未出現過的動作，也被拉出從未有過的情緒，甚至未曾有的詮釋，雖是那麼非理性地丟出，卻也覺得都在一種非理性的邏輯中。」（註11）

陳明才所主演的戲將他整個意識拉到遙遠的時空裡，整個人活進「商朝」人的生活作息——衣、食、住、行、語言、習慣之中。不止於此，陳明才甚至從所閱讀的饕餮圖象裡，感受到所謂的「獰猘之美」：

> 饕餮不再是文字，也不是銅器，它幾乎以原形出現，有肉的質感，散發出一種騷臭，像甲殼類的怪物，滿地爬著，不會飛，不會跳，有點像蜘蛛與蟹類的混合體，它們的背後是一個大黑洞，除了洞口，整個是無邊際，一直把你整個人從當下往那個黑洞裏吸去（註12）。

這種「美」極其矛盾，並非事不關己的古典和諧原則，而是整件饕餮器皿活現出致命的吸引力，讓人在驚恐又被吸引的折騰中，體驗到刻骨銘心、九死一生、劫後偷生的暴力快感。這麼強烈的內在意識以及身體感官的穿透力，透過陳明才所扮演的角色掀開了。虛擬的眞實跨越一般制式化的角色模擬，不再只是和演員內在生命無關的角色扮演，而是全生命投入的再創造；跨越了虛構的設定後，生死戰場的肉搏戰，從演員的意識再拉高竄升到劇場形式的客觀現實，再回到一般日常生活裡的感覺與理念的切身拉扯裡。

這是1987年春天陳明才26歲第一次擔任第一男主角的演出。在鴻鴻眼中「身材五短、滿口台灣國語」的台版「哈姆雷特」，英雄氣質蕩然的荒謬（註13），卻誤打誤撞地掀開了陳明才和丹麥王子如此契合的情性——憂鬱的幽默。經過了十六年之後，2002年夏秋之交，陳明才參加差事劇團《霧中迷宮》的劇碼，演出一位在廢墟中等不到火車的站長，徘徊在似有時空又模糊如夢的場景。

慶典的暴力美學

正如陳明才給摯友導演林靖傑的信所說的，**創作「必須是你我她生命中的痛與快、困境與出口、夢與眞實的一次直指狗命的交會與複合」、「在殘酷、暴力、死亡、神性、人性、獸性鬼性中喚起人類自身的哀憐恐懼與包容，從而獲得某種洗滌淨化與救贖。」**（註14）這種爆發力並非不痛不癢、事不關己的機械式排演運作，而是一種介於不是英雄就是人渣的生命價值豪賭，即使透過漫長焦慮的等待醞釀，依然是可欲而不可求。

至於透過演員意識所體驗的「獰猙之美」，不只是存在於劇場表演者的意識裡，陳明才也在民間信仰的儀式執行者與參與者的身上，發現

這種虛構想像與現實習俗交融的慶典暴力美學。**不管是法師、執旗者、轎夫或童乩，都在儀式的特定時空環境下，程度不一地轉變身份角色，不久前還嬉鬧不羈，轉眼間神情專注，這種儀式執行者身份的扮演，揉合了表演藝術和儀式步驟的特色**。將對神的戒慎恐懼，對妖孽鬼煞的恐懼←→迴避←→驅除的情緒表露無遺，並與現場觀眾（信徒）對鬼神、對現場氣氛的戒懼以及「觀看」的好奇心理密切互動。

這一切的互動與結合所產生的具體表現，包含了身體的展演－重複的律動、特殊的步伐、陣式、指訣和咒語、獰厲的表情、吆喝的吼聲、祭拜的動作、持續的前進、衝撞、赤裸的身體、汗水、鮮血乃至恍惚的氛圍；以及物質性的場景調度－如神轎、涼傘、法器、令旗、兵器等；此外還有不斷的鑼鼓聲、鞭炮聲和花車上的流行歌曲聲，陪襯出亂中有序的劇場氛圍（註15）。

這一切過程中所蘊藏的「暴力美學」特質，不是純藝術、純美感的，而是融合了儀式的動作、信仰的共識、潛意識的本能、糾結人性的互動結果，陳明才從他在《射天》對春秋戰國時的饕餮圖紋既吸引又恐懼致命的體驗；發現到這種暴力美感所集結的「救贖、贖罪、褻瀆、祈求、急切、粗暴、神秘、率眞以及天人合一的美感經驗」（註16）。（圖2）

「獰猙之美」透過生命厚度的吸納所折射出來的儀式與劇場特質，讓個人生命的創造與毀滅的本能欲望之戰，從現實人生燃燒到舞台角色，再轉至民間信仰的儀式現場。陳明才從這場現實吉凶與劇場想像的肉搏戰裡對演員意識的透視，越過了可見的劇場表現形式，成爲另一種跨時空限制的想像力結晶。**他突破現有的這個「我」——正在排戲的演員狀態，而進入「巫」的神入，回溯到劇場和宗教儀式同源的古老開端，巫者/演者不只是自身在現實與虛構的角色換渡，而是人與人之外的生物或無生物狀態的轉化**。

在這種演員的狀態內，陳明才跨越「模擬」或「再現」另一「人」或生命體肉身意識的浪漫情懷，而直接切入生命體轉渡之間的力量交鋒與交鋒過程的爆發力。這種爆發力穿越身份的疆界、突破存在狀況的固定時空框架，或者成爲忍辱負重的商朝王子，或者成爲找不到出口、被饕餮怪獸追殺的獵物；或者十多年後，成爲《霧中迷宮》（2002）那位走不出帳棚、等不到火車、鬱卒而狂野的站長，陳明才的生命透過不同的劇場創作，展現了荒謬無解、捉摸不定又難以逃避的浪跡迷宮的衝突詩意。

另一方面，透過帶有宗教象徵的類儀式劇場，陳明才也在隨後的《七彩溪水落地掃》（1990）進行宗教意象的現代意義轉化，十多年後透過《聽花人》（註17）（2002）和《聽・腳・海》（2002），將「獰猙之美」融入對不同生命體之間，從衝突到共遊的美學表現，在2003年消失都蘭海邊之前，獻給這塊還來不及認識他的台灣社會。

圖2、優劇場，《地下室手記》，1990，潘小俠拍攝、提供

城／鄉與劇場／運動—《七彩溪水落地掃》

生活點滴無所不戲

陳明才對於劇場的創造力和他所身處的時代脈絡密切相關。一九八零代後期台灣小劇場運動在表演風格上，已經出現以下幾項特色：第一，脫離過去鏡框舞台表演者與觀眾之間既定互動模式的界線。當時台灣逐漸蔚爲風氣的文化主體性的自覺，讓不少藝術創作者企圖擺脫二手的進口歐洲古典劇場的粗糙模仿，以及官方所控制的傳統中國京劇（國劇）戲曲形式的窠臼，創造出屬於「此時—此地」的劇場表演特色。

其次，重新關注過去被政治權力壓抑的台灣本土創作元素，對抗國家意識型態的控制，將被視爲政治禁忌的議題引入劇場作品之中，展現「此時—此地」的現實批判的切身性。再者，挑戰中產階級的美學框架，那些過去被達官權貴、中產階級視爲「粗糙」、「低俗」、「暴力」、「荒謬」的庶民品味的表現形式，重新成爲劇場風格的表現路線。此外，當時不少小劇場創作者對於政治和經濟的強勢者保持距離，他們不接受國家機器補助，不屑爲票房折腰，企圖爭取創作的自主性，以免助長資本主義、將藝術商品化的消費機制（註18）。

陳明才自一九八零年代到2003年之間的劇場創作，不只是以上述的台灣一九八零代後期小劇場展現的風格爲主軸，陳明才的創作裡台灣民間各種儀式結構與本土劇場元素，特別是對底層文化巧妙而創新的挪用，更是陳明才創作的血肉：廟會慶典的儀式、外台戲、民俗曲藝／陣頭、原住民祭典、電台電視講古（說書人）、賣藥、工地秀、餐廳秀、牛肉場、電視綜藝節目、霹靂布袋戲、台灣早期台語搞笑電影、街坊喜喪晚會的「黃鬧劇」、搞笑漫畫…（註19）。

舉凡日常生活所接觸到的點點滴滴，幾乎都可以成爲陳明才劇場創作的來源。不只是劇場如此，繪畫或其他視覺藝術作品亦如此，這可從陳明才的繪畫作品材質、爲金枝演社設計的《潦過濁水溪》（1996）的舞台布置、和逗小花共組的「女妖綜藝團」《逗小花歪傳》（1999）…等等，看出其中創作理念的發展與轉變。

果陀夫斯基式(Jerzy Grotowski)的訓練

不過，想要抵拒因爲歐美文化霸權的影響，所造成的台灣藝術創作代工文化的僵化，並不表示歐美劇場藝術的影響全然是洪水猛獸。而這些來自歐美文化裡的價值觀，果眞只來自歐美的地域文化？或者還包含更底層對於普遍的生命本質的探索呢？陳明才的劇場理念和他在1987年九月參加劉靜敏與桂士達（Jiero Cuesta—Gonzales）所引介的果陀夫斯基式(Jerzy Grotowski)的訓練關係密切，這些訓練讓陳明才對於劇場空間、身體訓練、內在自覺與外在反應、觀眾與演員的互動，有了更深廣的探索路徑。

其中，陳明才對於「水」的意象所顯示的人對大自然既親密又互相毀滅、無盡拉扯的肉身與精神的「獰猙之美」的表現，從結合社會運動的外台戲形式，以及台灣庶民的身體感，去表現集體神話和環保意識的《七彩溪水落地掃》（1990），十多年期間，繼續轉變爲腳步、傾聽、海、大地之間生命的共融與孤寂的《聽・腳・海》（2002），似乎呼應阿鐸所言「劇場是我們僅有的可以直接觸及身體官能的場所，也是最後一個可以直接觸及身體官能的整體手段。」（註20）直到生命的終止，劇場都是通往身心內外最直接而切身的甬道與鏡面。

「第一種身體行動」的訓練，主要在於訓練參與者去拆解身體與思考上既有的習慣，讓身體有更多開展與包容的潛力。受訓者必須立即反應，避開習慣和模仿，透過瞬間所產生的力量，去探尋內在多樣的創作靈感（註21）。這種身體的領悟不只是在孤立、抽離現實的訓練營隊裡，更重要的是如何和表演者的生命經驗互相結合，對環境與生活氛圍進行既向內深化又向外延伸的透視。果陀夫斯基說：「藝術永遠是自己與不

足的鬥爭，…。劇場包含了劇場周邊所有的現象、整個文化；我們可以使用『劇場』這個字，也可以把它完全廢掉」（註22）。

陳明才很快地從果陀夫斯基式的身體訓練，融入他對於台灣現實社會的透視與再創造。《開放配偶（非常開放）》（1988）是陳明才自國立藝術學院畢業後首次編導表演工作坊的作品。這部戲在大眾化娛樂與前衛理念之間拔河，陳明才勉力地透過台北都會中產階級包裝的劇場風格，一方面去衝撞當時國民黨政權所宰制的政治意識型態，另一方面也嘲諷了都會人備受壓抑的情慾尺度。此外，還不忘插入講台語的說書人的庶民詼諧，來挑戰表演工作坊的都會中產階級、國語爲主的劇場符號系統（註23）。

不過，顯然都會品味的娛樂效果遠大於批判顚覆的效果，這齣戲深獲當時台北劇場主流的肯定。陳明才企圖透過這齣戲打開表演工作坊更寬闊的對於國家認同、階級、性別和族群等議題的探索空間（註24），可惜並沒有繼續再與表坊作更進一步的合作。陳明才離開表坊，沒有繼續駐足於主流都會劇場的創作風格，陳明才奔往他劇場創作的下一驛站。陳明才比《開放配偶》更鮮明的政治立場和階級意識的劇場即興作品，已經出現在同時期他所積極投入的台北地區民意代表選舉的戲劇工作隊（註25）。對於情慾與性別議題的探討，則在陳明才的文字創作、日後的繪畫作品，以及與逗小花的結婚與離婚典禮等生活劇場裡繼續延伸。

以下我想從兩方面來探討陳明才透過《七彩》所展現的劇場美學，第一是劇場的身體意象—腳步，第二是劇場的展現形式—把《七彩》當成一種「類—社會運動」的集體共融的美學理想。陳明才在《七彩》演出節目單〈踏出台灣人的腳步〉一文，告訴我們日用而不知的劇場元素，正是我們和大地天天接觸的「腳步」。陳明才（以素人才的筆名）寫道：

不論車鼓、傳統歌仔戲、布馬，甚至扛大轎，鄉親你會看到這些不同的技藝有一個同款的所在；腳步「軟軟」地踏在土地上(咱原住民鄉親的腳步也有類似的感覺）。甚至肩甲頭扛著很重的大轎，轎夫的腳也是輕輕、軟軟的落地，這裡面若有一種謙卑、膽怯與敬畏的感覺。台灣人，你的腳步跟土地到底是怎樣的關係？

大地一向是眞照顧在伊懷中生長的子民，這個島嶼上的人，自古以來更是依賴土地維生，在種作勞動中，雙方早已經產生像朋友、母子，像神與人之間的一種深厚感情，那種腳與土地的輕輕接觸，是不是也在反應這種感情呢？人民大概是不願，不忍也不敢用暴烈，笨重的腳步來踐踏生養他們的土地（註26）。

陳明才直接從身體最具體的感覺，去講如何在「天」、「地」、「人」、「時」互動關係中體會到腳步——這項劇場最基本的元素。陳明才這種透過對於日常行動的凝視，而折射出「台灣人的腳步」背後美學層次的用心，和劉靜敏勾勒出「中國人身體」或「東方人的表演美學」的心意相近。這兩者的差異或許和當時才逐漸浮現的「統／獨」意識型態的爭議有關，但是我認爲**更重要的不在於空洞的統／獨二元對立的口號之爭，而是這裡頭劉靜敏與陳明才，對於族群歷史記憶的抉擇以及對於底層文化表演元素的取捨，各有其個人背景和對文化價值所秉持的判準**。陳明才試圖去提煉出底層文化裡被視爲低俗、粗陋、不入流、猥瑣、無紀律、功利現實、隨遇而安、暴力、肉欲的人性眞實中，那種活生生的、對抗現實苦難的生命動力與韌性。

陳明才在這裡是從「此時一此地」的「我」作爲出發點的連結，不也正是從他廣東爸爸和鹿港媽媽的族群混血身份的連結上，去跨越不同族群之間所設定的界線嗎？所以，陳明才不是被黏在「台灣的」、「中國的」或「東方的」的文化標籤裡，去吶喊劃地自限式的「認同」，**陳明才要作的是打破這種被不對等的強弱勢族群關係困住的創作者意識型態**。當一九八零年代末到一九九零年代早期國民黨政權所掌控的「大中國想像」的意識型態依然強勢時，陳明才突圍到底層的「本省」漢人族群的文化裡找尋創作靈感，當台灣「本省」漢人變成強勢族群時，陳明

才游離到原住民族群的聚落，繼續去探索新的創造力。

外台戲的劇場群衆運動

陳明才在《七彩溪水落地掃》除了提出「台灣人的腳步」的劇場元素之外，他同時也企圖轉化民間外台戲的劇場形式。這齣戲的主要理念不是傳統外台戲所繼承的封建社會「忠、孝、節、義」，而是屬於由農業進入工業社會的新時代台灣人所面對的生活倫理（註27）。《七彩》所訴求的「環保議題」並非只是紙上談兵，優劇場的團員們曾經多次到南部實地對被污染的河川環境進行田野調查。

《七彩溪水落地掃》的「七彩溪水」所指的不是七彩絢麗的溪河，而是一種反諷，講的是基隆河、淡水河、或是雲林北港溪、台南將軍溪、高雄後勁溪…，這些大自然水域因爲環境污染，變成七彩百味雜陳、又臭又毒的臭水溝（註28）。「落地掃」所指的是台灣早期民間戲曲、藝術（如歌仔戲）的表演形式，不上台、直接在地上表演，或者遊街時沿路表演。陳明才使用這個名稱的雙重意思一是表示「外台演出的草根味」，一是要給這片被污染的溪水、土地「落地清掃」乾淨之意（註29）。

「外台戲」的草根味對陳明才而言，並非低俗、粗陋、不入流、無紀律等負面刻板印象，陳明才看到另一種多元生動的劇場特質，打破劇場有形與無形的內／外、眞實／虛構、演員／觀眾界線的有機性。**陳明才由底層生命體驗向上建構劇場理念的洞見，看出外台戲的亂中有序，展現了流浪藝人面臨現實環境的嚴苛考驗下，所累積的戲臺機動性**。戲臺既是演戲也是孩子遊戲的空間、觀眾席的流動／便利／公平性，這些都是陳明才拿來挑戰制式化劇場的靈感來源（註30）。

陳明才和優劇場的演員們不只是把《七彩》的戲拉向外台戲的演出形式，更進一步地，陳明才和其他的編導把這齣戲由「劇場」再跨界到

「群眾運動」（註31），全國十五場各鄉間小鎮巡迴演出時，還企圖和當地的民俗曲藝團體打成一片（圖3）。例如在虎尾和北港地區時邀請當地國術館、龍隊、獅隊、北管團、歌仔戲團、車鼓陣…等等，一起在演出前踩街，拼湊出宛若社區廟會慶典的熱鬧盛況，以「野台演出形式推向本土每個庄腳，推演之際亦結合地方民間的民俗曲藝，形成一個社區性的戲劇行爲。（註32）」

從小眾台北都會知識份子的實驗劇場走向不同鄉鎮社區，《七彩溪水落地掃》的精神「都市囝仔作的庄腳戲，要獻給辛苦的庄腳鄉親」，卻忽略了他們所要進行的跨界，其實並不是要介入另一個「他者」的疆界。「庄腳鄉親」其實已經不是前工業社會那種在生活裡看野台戲、車鼓、踩高蹺的「鄉民」了。陳明才和優劇場的編導們忽略了台灣社會經濟生產結構的下層變化，也影響了上層的藝術、休閒娛樂上品味的改變。

一九九零年前後，電視已經成爲台灣城鄉居民共同的休閒娛樂。一般民眾即使居住在非台北都會的鄉村郊野，也不再以陳明才所嚮往的「外台戲」作爲休閒娛樂了。儘管優劇場的編導們意識到台灣因爲進入工業社會所引發的環境污染問題，卻忽略他們所熟悉的表演劇場也改變了，不再是農業時代的模式。「鄉民」們受到電視媒體文化的影響，越來越多的觀眾對於電視歌仔戲、連續劇、綜藝節目的熟悉度，早已勝過附近廟口外台戲班的劇碼（圖4）。

《七彩溪水落地掃》從小眾實驗劇場跨向群眾運動的一大步，所遭遇的問題遠非希望顛覆既有框架的陳明才所能回應的。**跨界的理想最大的挑戰來自所投射的「他者」，總是無可測度地遙遠，從自已熟悉的疆界跨出、挑戰原先所要包含「我」的強大他者，已經是一種突圍的冒險**。《七彩》卻遇到他們跨界的難題，亦即，自己所投射的「他者」，與實際上所遭逢的「他者」之間的差距。這種難以掌握的差距，造成《七彩》希望從都會、知識份子強勢主流的劇場風格突圍後，走向和另一邊被強勢忽略的底層庶民劇場的「他者」時，「我」所預設的溝通形

圖3、陳明才編導，優劇場《七彩溪水落地掃》，1990，潘小俠拍攝、提供

圖4、陳明才編導，優劇場《七彩溪水落地掃》，1990，潘小俠拍攝、提供

式受阻的事實。

《七彩溪水落地掃》對於優劇場和其他台北都會劇場的工作者而言，顯然是一樁值得紀念的跨界冒險，這種跨界表面上潦過城／鄉地域上的差距，其實是潦過這些劇場創作者既有立場的界線，挑戰了自己躲在台北知識份子式的同質繁衍。另一方面，《七彩》也企圖挑戰另一邊，那就是這些台北知識份子以想像中所打造的鄉民方式，企圖去顛覆對於慶典熱鬧的戲劇所慣有的意識型態。

劇中以民眾自覺到「黑龍神（精）」污染的切身，進而團結一致去「屠龍」、「消滅妖精」——消除「黑龍精」所象徵的污染，並批判貪官污吏罔顧民間疾苦。這部份宗教象徵的轉換，不完全是「都會知識份子在低估鄉下人的感覺能力時潛在的一種媚俗心理」（註33），反而凸顯編導費盡心思、以傳統象徵系統去對既有的超自然與官方權威提出挑戰的苦心。

可惜改變這種意識型態無法僅僅靠一次的劇碼演出，需要長期的耳濡目染。希望一次醍醐灌頂、震聾發聵的自我（創作者自身）批判運動，實在是不可能的任務，反而成爲「兩面不是人」——醜化或諂媚對方、卻溝通不成的尷尬。這是先知的悲情、也是理想主義者的宿命吧。

《七彩溪水落地掃》在1990年的台灣社會曇花一現，陳明才所提出的「台灣人的腳步」，對於優劇場只是一個過渡、一種反結構式的顛覆插曲。但是陳明才在《七彩》所提出的「落地掃」表演形式，「黑色喜劇般、荒謬、怪誕的味道」卻在日後由優劇場團員王榮裕和游蕙芬所創的金枝演社的劇場風格裡，再度開花結果。以「胡撇仔戲」風格編導的《台灣女俠白小蘭》、開著卡車在全台各地廟口、夜市、街道演出，即是對於《七彩》風格的延伸（註34）。

性別越界——《逗小花歪傳》

陳明才在一九九一年到峇里島觀摩表演、繪畫、儀式等等社會文化，打開他透過繪畫去探索「殘酷、暴力、死亡、神性、人性、獸性、鬼性」的內在奧秘（註35）。陳明才在他第一齣編導的《開放配偶》裡，他將都會中產階級擺盪在情慾自由與婚姻穩定的兩極矛盾拿捏傳神。在相隔近十年左右，他和伴侶逗小花所組的「女妖綜藝團」裡，結合了在《開放配偶》裡改編義大利劇作家達利歐・弗（Dario Fo）剖析兩性關係的民眾劇場，將情慾自主或婚姻合法性的議題，透過民俗儀式與傳說的改造，以及台灣詼諧笑鬧劇的重新拼裝，在1999年推出《逗小花歪傳》（註36）。

性別越界與自我分裂

陳明才透過各種身體力行、身歷其境來作為創作理念的根基，不只停留在男女情人的關係，他也進行和性工作者之間的身體與情慾關係的探索。陳明才對於雌雄同體或者變男變女的身體想像，帶有從游離於施虐／受虐的角色「扮演」遊戲裡，挑戰與享受暴力與權力欲望的支配與被支配關係。這也是上文所言，陳明才在《射天》演出前已經顯現虛／實的矛盾生命特質，只不過在此所跨界的不是古／今、人／饕餮的跨界，而是男身／女身變身的張力：（圖5）

> 我那身體深深深的深處洞口，逐漸形成一張渾沌的面容——一個奇女子，或者是我，正要，從洞洞彼端：那是內裡，走向最外，與我相會。此時，不大明瞭，究竟誰是內，誰是外，但可感知的是：她正一步步消融著我—這個男人，而要以一付女子的，新態公諸於世，時而妖嬈，時而魅惑，有時如男性之粗霸，下一片刻卻見婉約，我

在假扮些什麼，不一是我被假扮了些什麼，不過是一種介於眞實與虛僞的替代狀態，…一場世紀末戀愛：自體、同志愛，即刻上演（註37）。

這種「深深深」是「內」又是「外」的洞口視覺意象，在一九九六年陳明才擔任金枝演社《潦過濁水溪》的舞台設計時，他曾以長長的腥紅色地毯，由舞台延伸包圍實驗劇場內外甬道。這種從深深內裡流出的女身意象，並非只是單純地以回到子宮意象去解釋。這樣的洞口意象從魔幻變身的節奏感來看，其實也巧妙地運用了「扮演」形式，去加深眞實／虛構之間的性欲力。

圖6、陳明才和逗小花的結婚相關藝術展演，1996，陳少維攝影、提供。

在同一肉身中，分裂出另一個「我」，再從被我所分裂的另一個「我」，想像「我」對另一「我」在性欲力上的支配與被支配的痛感與快感。兩個「我」變成同一個「我」時，並非禁欲式的自戀，反而在雌雄同體的欲望收縮過程，無盡地拉拒吞吐。這並非抽象的思辨運動，而是性高潮的幻想湧現。

陳明才對於性別越界的特色，一方面表現在男身與女身情慾上的囂張，另一方面他又帶有抗拒本能誘惑的警覺，以處身在臨界邊緣的自我收縮，這並非禁欲，而是進行另一種超越本能衝動的雙重踰越。陳明才寫道：

> 女人詭絕肅殺幽深之眼神分秒捕捉掌控著陳明才的眼與靈魂。此刻的陳明才身陷一種危險的矛盾裡，他無法自拔於這種比性高潮還高潮不知之幾的致命吸引力。雖則他與那魔女如此接近，但一整個過程他們未曾眞正接觸了絲毫肌膚。（註38）

值得注意的，陳明才這層層的女身意象，在這些內外肉欲高潮與瀕臨毀滅的衝突裡，女身意象的源頭來自陳明才對母親原型的無盡追尋所展現的變形。**這種追尋踰越了亂倫禁忌，但是卻達到比肉身交媾更親密的自我返回生命本源的同一性，以及伴隨這種返回的安全感所蓄勢待發的新生契機。**

> 陳明才歷經的每一任女友皆在尋找一種母的原形或夢想著自己是小女友的母親或父親。直至水中，他緊緊擁抱著亡母，喜極而泣而射了一身。母親溶解於水中，又同時溶出了陳明才自身，他親密的擁抱自己，永遠幸福安靜的沉潛在深深的海底。
> 月亮出來了。月中有個胖嘟嘟的嬰兒，安安靜靜，無聲的安睡於浩瀚的月之海中（註39）。

魔幻、詼諧的新外台風格

《逗小花歪傳——妖獸花園》包含——〈離婚典禮〉、〈金色夜叉〉和〈媳婦罷工〉三齣相關但沒有明顯劇情關係的段落（註40）。在這場演出之前，陳明才和逗小花曾經到戶政事務所辦理離婚手續，眞實人生與劇場表演都是生命劇場的一體兩面，兩者都面對挑戰，也唯有眞正迎向危險，生命所形成的節奏，才更加澄澈透明。這齣戲碼企圖融合儀式與戲劇，讓儀式與戲劇所凝聚的生命張力，透過「離婚」這個主題，來邀請觀者與表演者，一起思考婚姻的價值。這樣的主題與其正襟危坐地嚴肅說教，女妖綜藝團選擇了透過詼諧、三八、怪誕來改裝偷渡。（圖6）

〈離婚典禮〉的儀式結構取材於基督宗教結婚典禮和台灣傳統婚禮，再加以戲仿、變裝，舊郎、舊娘、離婚人、「離媒」、花童，每位造型各有特色，貌似一場扮裝狂歡秀。陳明才在第一段〈離婚典禮〉裡，扮演神情嚴肅、穿著怪誕搞笑的紙箱人，發表一本正經、宛若正式演講的「舊郎」離婚感言，反省婚姻制度讓人偷懶、活在穩定軌道框架中，卻失去兩相結合的可能性和創造力，提倡「無婚姻國度」，「讓人類社會有更自然自在的生活方式」（註41）。

到第二段〈金色夜叉〉時，陳明才和逗小花玩起扮裝、角色互換的劇情，把穿「男裝者」設定爲支配者、施暴者、花心蘿蔔、威權象徵，而穿「女裝者」則扮演被支配者、受虐者、被壓迫者。當逗小花扮男裝時，就享有暴君般的權力。陳明才是那位崇拜伴侶、卻慘遭施暴、楚楚可憐、心存報復的扮裝女。陳明才細膩誇張，傳神地演出對被支配者的憎恨、想報復卻又害怕、從卑賤地被虐中得到快感的複雜心理。

有趣的是當宛若童話故事灰姑娘的午夜鐘聲噹噹響起時，兩人立刻當場在舞台上交換戲服，陳明才變成那位耀武揚威的施暴者，逗小花反過來變成被虐待的家庭主婦。但是主奴關係並沒有繼續循環多久，扮女裝者就把戲服、打掃道具全都丟回扮裝男，剩下性感內衣褲，活力快樂

地離開，扮裝男看著女伴離去，落寞無奈地下台。

《逗小花歪傳》從〈離婚典禮〉到〈金色夜叉〉所反映的性別關係，雖然還停留在表現個人主義式的情慾自主，不過戲最後一段〈媳婦罷工〉裡，陳明才和逗小花正視了家庭制度結構裡兩代之間佔有／自由、支配／服從的關係，尤其是「婆媳關係」，這在那時很多前衛藝術者仍忽略的死角，卻是兩世代愛恨交織的戰場。陳明才在〈媳婦罷工〉裡扮演婆婆，穿亡母開高叉花旗袍，頗具風騷卻又墨守傳統。婆婆在媳婦爭取個人自由時，憤懣、不滿、無奈又同情媳婦。當媳婦離去後，婆婆意識到支配／被支配權力關係裡互相束縛的折磨，解開兒子和自己的繩索後，自由自在去找新愛人。

圖6、陳明才編導、主演，女妖綜藝團《逗小花歪傳—媳婦罷工》，1999，林文章拍攝，逗小花提供。

這齣〈媳婦罷工〉的劇場風格可謂魔幻、詼諧、帶著未完成的即興、匆促成軍的「兩光」、但又認眞無比的像辦家家酒嬉戲感，兼具當時外台戲的一輛卡車台灣走透透的流浪舞台風格，呼應了《七彩溪水落地掃》、金枝演社《台灣女俠白小蘭》的庶民路線，服裝設計盧崇眞與舞台設計李俊陽，將前衛藝術、金光布袋戲與動漫電玩的造型加以拼裝。李俊陽所彩繪舞台上下，有金光戲豔麗的色澤和神魔大戰的刀光劍影，還帶有性和暴力的魔幻神秘感。

只不過《逗小花歪傳》的新外台戲風格已經和《七彩》那種帶有農業時代外台戲的懷舊感不同，不再去抓一種想像中的「庄腳」鄉親口味，而是去玩出一般市井小民可以茶餘飯後，開心同樂、任意來去的笑鬧劇。陳明才企圖繼承台灣早期台語詼諧電影裡的「王哥」、「柳哥、「脫線」、「康丁」的搞笑逗趣風格、小劇場的觀念及現代裝置藝術、電視綜藝笑鬧劇和街坊晚會有點黃色笑話的笑鬧劇（註42），「猥瑣、強出頭、卻又〝無山曉路用〞或是無辜而善良」（註43）。

這種透過小人物的無厘頭、強出頭又沒用、自卑又有荒謬的自大所呈現出來的人性多樣的光譜，也正是將現實社會裡的苦辣辛酸透過詼諧、怪誕的變形扭曲，來達到自我逃避或自我超越的路徑。陳明才不只透過詼諧笑鬧的黑色幽默來呈現劇場的特性，更希望從魔幻寫實的風格裡，去尋求更多樣的衝突元素的碰撞激盪，以及在矛盾中的和諧。

陳明才寫道：「我要的魔幻寫實，或許可來自於對現世的不滿與無可奈何、無能爲力，從中孳生了一種逃離、超越現世的夢，自行在有限中建構了一個虛擬而巨大的奇特世界（註44）。」魔幻寫實的目的對於陳明才而言，依然呼應古典藝術功能：「引發人類內在的恐懼，歷經殘酷鬥爭、衝突、犧牲、死難、墜落、天譴、天啓而達到淨化改造、悲天憫人、淑世的終極目標。」（註45）

從陸地到海洋的劇場跨界——《聽・腳・海》

族群跨界—從漢人到原住民

就在一九九九年夏天陳明才和逗小花準備進一步籌備《逗小花歪傳》在台灣各地巡迴演出之際，發生了台灣百年來重大天災921地震，陳明才和逗小花隨即投入災區參與重建工作，在大約一年半的時間裡，以劇場、繪畫工作者的身份，在谷關、松鶴、鹿谷…等地默默留下重建的刻記，從有形的磚瓦到無形的心靈重建，在環境百廢待興、自身也資源匱乏的情況下，陳明才從大自然災難的破壞力與生命在苦難中所激發的能量，再次感受到「獰猁之美」的摧毀與創造的奧秘，這些從深入災區的環境和人際關係中凝聚的生活元素通通捲進他生命中，轉化爲藝術創作的動力（註46）。

2000年九月過後，陳明才和逗小花移居到台東都蘭。陳明才很快地就融入當地阿美族的各項慶典活動、加入都蘭阿美族的年齡分級制度，以及參與當地原住民的戲劇相關訓練工作。**陳明才體驗到原住民老人那種不知劇場爲何物，卻是劇場創作者所希望達到的—來自大地、結合生活、勞動、祭儀、信仰等共同記憶的天生演員**（註47）。

陳明才並沒有侷限在他自身的漢人族群或以台灣陸地疆界爲主的歷史記憶，他的創作伸向跨越族群、跨越「內陸」地域之外無可測度的深淵，也再度走向他所處身環境裡的弱勢者或文化邊緣者。移居都蘭後的陳明才創作上開始將周遭阿美族的慶典儀式、花東的山景海色，捲進他生命的律動裡，到他投海前一年，對於海洋或者對於「水」的意象，已經成爲他創作的核心（註48）。

從漢人的社會文化跨界到原住民的社會文化，並不是一件易事，要融入另一個語言、風土民情完全不同的異族，雖然都同樣居住在台灣，但個別文化差異卻宛如不同國度。漢人文化強勢主導的台灣社會，讓原住民原先的農、漁、獵生活形式被邊緣化，原住民被迫使用漢人模式在漢人社會生活。但是一旦從漢人社群走進原住民聚落，所要面對的第一件挑戰，就是自己視爲理所當然的漢人語言、生活習俗都遇到來自那不可知的他者的牽動，甚至挫折。

「他者」不再是被強勢的「我」族模式支配，定居在阿美族聚落裡的漢人，除非不相往來，或者繼續利用漢人社會的既得利益過活，否則「我」就要面對「他者」對待「我」的各種作爲獨立主體之間的權力強弱的關係，並非「我」原先所想像的平等對待的浪漫，「我」與「他者」之間的強弱關係對調了。**「我」不僅要以對等的方式對待「他者」，甚至入境隨俗，面對「成爲—弱勢」、「成爲—少數」、在融入與探索異文化時被「他者」壓迫、支配的衝擊。**

陳明才在2002年台東金樽海灘和都蘭糖廠舉行的「升火・祭場・搭廬岸」部落文化與戲劇研習營的成果表演裡，演出了一場動人的《聽・腳・海》——貌似即興的創作，卻是陳明才對他所定居的新天新地、對山海大地孕育已久的靈感。和其他弱勢族群默默綻放生命火花一般，能參與這場在台灣劇場界跨越族群、跨越陸地／海洋、跨越個人／集體劇場形式的演出的人少之又少，多虧林靖傑導演的影像紀錄，讓這個只發生過一次的事件，餘韻尤存，留給未能當下參與其中，卻在未來繼續不斷被捲入的觀眾們。

這齣界乎劇場與儀式之間的呈現，表面上像一場獨角戲，其實陳明才卻出其不意地、想把所有在場者都捲入其中、一網打盡的一個聚會(Meeting)（註49）。更精確地說，不只在場的人，還包括山海、沙灘、火堆，和那件以漂流木打造兼具海螺和耳朵造型、吐露聽潮意象的地景藝術（註50），都被陳明才捲進他的創作裡。這幾乎是一場沒有觀眾的演出，因爲大家不知不覺地都被這股漩渦式的能量捲進來了。

傾聽大地與海洋的儀式／劇場

烈日灼灼，海濤洶洶的正午，陳明才在金樽海灘上開始一場脫胎自果陀夫斯基風格的台灣東海岸儀式／劇場。陳明才邀請「升火・祭場・搭廬岸」營隊學員們跟他一起，以最少的衣著、打開感官去享受周遭一切。用腳來聽、來看、來聞，把腳當成感官的總收發器來感受山海大地。螺旋漂流木的中心升起了火，陳明才請每一位學員選擇一個自己喜愛的木樁當作觀眾席。這時海濤澎湃洶湧，陳明才沈緩的邀請伴隨著洶湧的海浪。

接著，陳明才在離海近約咫尺處，先跪下俯聽腳、大地、海洋所發出的有形和無形的聲音。他起身時，左右手各抓一把沙，灑向兩旁，彷彿打開了另種儀式空間的入口，然後他緩緩地走向海。在海深及腰處，舉起雙臂，震動，宛如一位執行海祭的巫師，烈日當空，陳明才獨自一直在跑，一一繞過這些木樁旁的「觀眾席」，這些「觀眾」則自由地選一根木樁靠著、站或坐著、躺著，或如鳥人般蹲踞在木樁之頂，展現出前文《七彩》段落陳明才「內陸」外台戲觀眾席流動感的「海洋」機動版。

陳明才站在淺水裡，面對著海洋，聽著海之聲，並透過「聽」，迎接海潮所帶來的全身新感受。順著這力量跑過一根又一根的木樁，留下深深的足跡，邊跑，陳明才凝神傾聽著足音，路過「觀眾席」時，也有「觀眾」對他擊掌、打氣、喊「加油！」。或許天氣太熱了，或許活動已近尾聲肉身已經疲累了，或許大家總是對於那不可知的身體展演不自覺地處在等待和好奇的狀態下。

從影像紀錄裡，我看見現場學員們的反應頗爲多樣，有的保持對於周遭澎湃海音的傾聽，有的專心看陳明才表演、接受陳明才的引導，有看熱鬧的、有休息沈思的、有心不在焉的，跟陳明才一樣去傾聽自己的生命和大海之間的律動者並不多。**但是正因爲這種多樣的心境與肢體動作的參與、若即若離，透過影像畫面頗似魔幻萬花筒、又像一盤散沙似的亂，陳明才卻深知箇中的秩序，他就是那位把人零零落落地（他也不喜歡整齊一致地）帶往迷宮、又不見得想帶離迷宮的巫師、啓蒙者、再**

加上搗蛋鬼。

接下來，陳明才又從中央的火苗處，作爲原點，把一位接一位的「觀眾」從每一支木樁的「觀眾席」拉出來，手拉手，繼續跑著。這種「跑」將陳明才在前文提及的「第一種身體行動」中的果陀夫斯基士的訓練結構，作新的蛻變轉化。「設想一個無形的對象，跟著它跑，將意念投射在外，使身體行動與對象體之間產生外在結合，互相交流。動作有明確的投射方向和專注力轉化的擴展」（註51）。陳明才看這樣的流動宛若「呼吸、或像天體、星球生長的生之律動感」。

跑著、跑著，陳明才引他們一邊跑一邊出聲吆喝，每個移動的身體畫出了正在變化的動線，吆喝吶喊地逼出了另一種生命能量匯集的動線，呼應著山脈的靜肅與海濤的洶湧。他們所踩過的足跡深深地留在沙地上，也留下剎那間飛鴻雪泥似地的動線，這些都是在螺旋木樁的沙地上所繁衍出來新而多樣、卻稍縱即逝的界線與跨越界線（註52）。

就在引隊伍圍聚在逼近海的邊緣，陳明才引大家把一根細長漂流木條插進沙土內，安靜約一分鐘，短暫而純粹的凝聚、靜默，宛若祭司的陳明才感受到那種宗教祭儀般的神秘感，烈日灼灼下飢腸轆轆的肉身在陳明才的類祭儀的共融剎那浸淫在寂靜的靈光裡，宛若星光燦爛的靜夜（註53）。陳明才隨即離開這群緊密環繞在一起的隊伍，作手勢請大家留守，自己隻身往外跑，衝向海裡，隨波逐流。「我，遠離了他們，在另一邊的海裡繼續任浪濤將我浮沉上下，如浮屍般地直到海洋又賜予我足夠的能量。」（註54）

當在澎湃海洋中，與海洋親密地擁抱與搏鬥的陳明才，要從海裡離開上岸時，這時其他人卻衝過來，彷彿要來接棒似地也跟著跳進海中。這時陳明才作了他生命中經常使用「姿態」，一種以生命行徑和當下劇場行動合而爲一的蒙太奇，那就是——陳明才總是在帶領群眾逼近高潮之際，當參與者願意追隨他一起繼續行動時，陳明才卻迅速地擺脫他們，閃一邊去或完全消失，那種逃離即將「成爲中心」的姿態，在共融的當下，畫出「我」與「他者」最深的距離，也是意識到主體無法讓渡

的「我」的獨特性與「我們」共融合一之間矛盾之所在。陳明才獨自跑回沙灘，緩緩地又繞著木樁小跑一下。

陳明才再度來到螺旋靠海那邊的中心，停了下來，「閉目面對著海與白茫茫的熾光。有一刻，幾乎什麼也沒想，就只剩呼吸、聽、以及一種幽遠的崇敬感。」陳明才跪下來，這一連串跑動、傾聽、入海、被海浪沖擊洗滌所產生的能量強弱、虛實交會，陳明才把這股交會於生命最深處的澎湃能量，嚎啕大哭地釋放出來，無可言喻地與大自然進行全生命拉扯與共融。外在大海的驚濤拍岸、火堆裡宛若生命生生不息的赤焰、不斷奔跑、燃燒能量的身體孤獨而滿足、沈重又漂浮。陳明才寫道：「這片刻，才真是我生命情境中的一個SOLO吧！」（註55）

能在烈日灼灼的山海之間體驗到「海濤洶洶」和「星光燦燦」的動與靜一體兩面，這種跨界游離所產生的衝突暴力美學，不正是肉身小宇宙與山海自然大宇宙「天人合一」的密契體驗的意境嗎？**最切身的體驗往往卻是最遙遠的距離，要通過多少「他者」的吸引與對抗，要穿越多少次毀滅的恐懼與被蔑視、衝突的煎熬，才能真正看見「他者」裡的自己，和自己內在的「他者」**。

這齣《聽・腳・海》像是一場獨腳戲，其實也一直是獨腳戲，儘管山海、人們、地景藝術，都被捲入這場宛如儀式般的劇場作品，大家既觀賞、共享，卻又事不關己，一場介於表演、儀式和遊戲之間的活動（註56）。這齣戲沒有預設真正的觀眾，在場的人依自己的意願和所形成的凝聚力，被捲進這場只發生過一次，發生的當下，卻都不甚清楚如何發生的劇場事件，之後，就灰飛湮滅，再也不復記憶。

回到大海

回到本文一開始所提到的，陳明才在創作理念與生命上的跨界游離，並沒有建立取代既有強權的新權力中心，而是透過一再拆解自己、自我衝突、矛盾，讓自身沒有自我同一性，讓自身隨時處於衝突的張力下，以此做為推動自身游離的動力源頭。對這些吸引與排斥力量之間強弱互動的洞察，讓游離者陳明才感受到脫離既得利益的保護傘之後，因為對等關係所產生的緊張與自由。

陳明才的衝突戰線從演員意識的現實與虛構，到劇場與社會運動的越界；從內在雌雄同體的自我交媾的性別穿梭，到個人情慾自主與婚姻權益的衝突；從「外省」/「本省」的族群身份抉擇，轉到進入原住民社群「成為——少數」的自我挑戰；從城/鄉的內陸記憶伸向海洋自然的疆域；從生理／精神沸騰的騷動到孤寂深鬱所拉出的裂縫，直視生命劇場的核心。

即使生命最後陳明才走向山海和人性奧秘的交融與搏鬥，這種看似回歸大自然的逃離文明路線背後，卻是陳明才衝突美學的路徑所在，陳明才並沒有跳進另一個阿美族的劇場形式，反而在這裡透過集體劇場形式的對照，彰顯出個人成為獨立自主、卻又期待與天地同遊的生命美學，最後陳明才透過「水」，對生命做出最大的突圍，「回歸到大海作一場生命告白的演出」（註57）。

以上論述主要依據：1）陳明才已發表手稿《奇怪的溫度》（台北：聯合文學，2005）與未發表手稿、筆記、相片、影像紀錄、歌曲、畫作；2）陳明才好友們的訪談；3）相關報紙、雜誌文章。非常感謝以下資料提供者——陳明才好友：逗小花小姐、林靖傑先生、張皓期先生、陳少維先生、游源鏗先生、李俊陽先生、王榮裕先生、小竹小姐、小馬先生、SiKi先生、黃進河先生，以及相關資料提供人：鍾明德教授、劉昶讓先生、陳曉東先生、蔡政良先生、郭政彰先生、潘小俠先生；感謝楊蟬萍小姐在資料搜集與整理上的協助。

＊本章注釋

1. 本文曾發表於《真理大學人文學報》第五期（2007.04），頁31—54。
2. 本文以「他」來涵蓋生理男性與生理女性兩方。
3. 阿鐸或譯為亞陶(Antonin Artaud),《劇場及其複象—阿鐸戲劇文集》劉俐譯，（台北：聯經，2003），頁30。
4. 《奇怪的溫度》之《陳明才不完全手冊—陳明才作品11個短篇1987—2002》，包括《稻草人》（1987）、《開放配偶 非常開放》（1988）、《七彩溪水落地掃》（1990）、《白日賊》（1994）、《猜手槍》（1998）、《逗小花歪傳—金色夜叉》（1999）、《七月天》（1999）、《聽花人》（2002）、《升火祭場搭廬岸》（2002）、《霧中迷宮》（2002）、《我的綠島》（2000）。
5. 詳見齊克果(SØren Kierkegaard), 《恐懼與戰慄》(Fear and Trembling)，劉繼譯（貴州：貴州人民出版社，1987），頁61—63。
6. 陳明才，《奇怪的溫度》，頁307。
7. 諾伊曼(Erich Neumann),《大母神—原型分析》(The Analysis of the Archetype)，李以洪譯（北京：東方出版社，1998），頁18。
8. 《奇怪的溫度》，頁241。
9. 同上。
10. 《劇場及其複象—阿鐸戲劇文集》，頁152。
11. 《奇怪的溫度》，頁31—32。
12. 同上。
13. 鴻鴻，〈膝蓋與蚊子〉，收錄于楊澤主編《狂飆八0—記錄一個集體發聲的年代》（台北：時報1999），頁145。
14. 《奇怪的溫度》，頁243。
15. 陳明才，〈武天宮謁主進香記〉，未出版手稿編號204—04，1990。
16. 同上。
17. 詳見本書〈美學變貌的未竟之志？——蘭陽舞蹈團《聽花人》〉。
18. 鍾明德，《臺灣小劇場運動史: 尋找另類美學與政治》（台北：揚智，1999），以下簡稱《臺灣小劇場》，頁114—116；121—122；127—128。
19. 陳明才，〈關於女妖綜藝團的表演訓練〉未出版手稿編號109—01，1999。
20. 《劇場及其複象—阿鐸戲劇文集》，頁88。
21. 陳明才，《第一種身體行動：一個泛劇場活動個案研究》，國立藝術學院戲劇系學士論文（1988），頁96—97。
22. 鍾明德，《神聖的藝術: 葛羅托斯基的創作方法研究》（臺北:揚智文化，2001），頁137。

23. 本段根據表演工作坊《開放配偶（非常開放）》影像紀錄。

24. 《臺灣小劇場》，頁108—109，鍾明德，〈「開放配偶」胡鬧 高潮迭起〉《民生報》/10版/影劇新聞，1988.10.03。

25. 張必瑜，〈貼近本土文化 不完全走政治劇場路線—— 蕃薯文化工作隊定月底成軍！ 〉，1989—09—01/《聯合報》/28版。劉昶讓，《優劇場溯計劃的理念與實踐之研究》（臺北藝術大學戲劇學系研究所碩士論文，2004），以下簡稱《優劇場溯計劃》，頁55；根據我對張皓期和游源鏗所進行的訪談。

26. 素人才，《七彩溪水落地掃》演出節目單，《奇怪的溫度》，頁168—169。

27. 《七彩》節目單傳說版本摘要：傳說古早以前，現今台灣海峽飛來一隻黑龍精興風作浪，雲遊四海的奇異老人決心為民除害，展開生死鬥，打敗黑龍精，鎖在海底，黑龍精不時想偷跑，使得海面暗潮洶湧，討海人稱這片海域「黑水溝」。渡黑水溝來台的祖先，辛苦建立家園，數百年後，一偏僻庄頭黑龍村，這隻黑龍精因鐵鍊生鏽衝出海底到黑龍村，要求村民為他蓋廟（工廠），他將保佑村民賺大錢。黑龍精能吃能放，排泄物四散，毒死村民小孩，使得農作物無法成長，溪水變成七彩色，魚蝦大量死亡，村民身體也嚴重病變病，村民集體向台北來的大官虎投訴，卻被警察強制驅離。村民決定將龍的排泄物做成祭品，在黑龍精誕辰獻給牠食用果然中劇毒，村民和黑龍精展開大決戰。

28. 陳明才，《七彩溪水落地掃》演出節目單。

29. 同上。

30. 詳見陳明才，〈外台戲的空間〉未出版手稿編號301—01，未標示年代。

31. 《七彩溪水落地掃》演出節目單，劉靜敏，〈都市人能作「庄腳戲」？〉《自立早報》，1991.02.14，19版。

32. 《自立早報》，〈 引領七彩溪水沃灌社區戲劇〉（未顯示作者姓名），1990.10.08。

33. 劉靜敏，〈都市人能作「庄腳戲」？〉，《自立早報》2月14日，19 版。

34. 陳明才，〈關於女妖綜藝團的表演訓練〉未出版手稿編號109—01，1999，《優劇場溯計劃》，頁69。根據我對王榮裕進行的訪談。

35. 《奇怪的溫度》，頁243；逗小花，《蜜月祭—一個女人在峇里島》（台北：地球書房，2004），頁100—101。陳明才的視覺藝術創作類型多樣，包括油畫、水彩、蠟筆、粉彩、水墨、拼貼、廢棄物裝置、立體創作、陶藝、玻璃、彩繪、磚畫等，參見《奇怪的溫度》，〈年表〉，頁355。

36. 依據《逗小花歪傳》影像紀錄，演出時間分別是〈離婚典禮〉1999年3月28日，〈金色夜叉〉和〈媳婦罷工〉為1999年5月8日。

37. 《奇怪的溫度》，頁54。

38. 《奇怪的溫度》，頁247。

39. 《奇怪的溫度》，頁254。參見本書〈美學變貌的未竟之志？——蘭陽舞蹈團《聽花人》〉圖1。

40. 關於陳明才的「離婚典禮」的概略報導，請看姚瑞中，《台灣行為藝術檔案》，「陳明才與逗小花的離婚典禮」一節，83—89，莊慧秋〈還愛本色——陳明才與逗小花的婚姻實驗〉《張老師月

刊》，1999.07，頁57─67。

41. 引自陳明才在《逗小花歪傳》〈離婚典禮〉的離婚感言。

42. 陳明才，〈關於女妖綜藝團的表演訓練〉未發表手稿編號109─01（1999）。

43. 同上。

44. 《奇怪的溫度》，頁250。

45. 《奇怪的溫度》，頁251。

46. 林靖傑，《奇怪的溫度》，頁11；《創作青春夢系列之全生命創作觀》，台中民主視聽公司製作，影片全長30分鐘，（台北：公共電視文化事業，2000）。

47. 陳明財（才），〈升起原住民劇場之火〉，《文化視窗月刊》，第43期（2002.09），頁65。

48. 參見陳明才移居都蘭之後的手稿；根據陳明才台中時期創作伙伴李俊陽的訪談。

49. 《奇怪的溫度》，頁170；全文詳見〈烈日灼灼、海濤洶洶、星光燦燦〉未出版手稿編號301─04，2002。以下對陳明才《聽‧聊‧海》的內容敘述，根據林靖傑現場所拍射的影像紀錄（2002.05.20）。

50. 這件裝置藝術乃是花蓮原住民木雕裝置家志民的海螺地景藝術作品，由數十根粗重漂流木樹立在海灘上，綿延近50米呈螺旋延伸。

51. 《第一種身體行動》，頁12。

52. 《奇怪的溫度》，頁170。

53. 陳明才回答林靖傑導演提問對〈聽‧聊‧海〉的看法，根據林靖傑現場所拍射的影像紀錄。

54. 《奇怪的溫度》，頁170─171。

55. 同上。

56. 《奇怪的溫度》，頁170─172。

57. 《奇怪的溫度》，頁231─232。

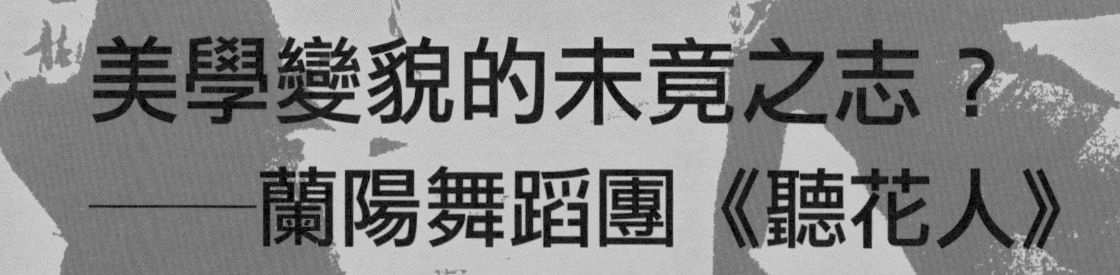

美學變貌的未竟之志？
——蘭陽舞蹈團《聽花人》

這場《聽花人》似乎註定成為一場集結冥思、輓歌、祝福、徬徨、混雜，介乎悲劇與鬧劇之間的超齡荒謬豪賭。只此一齣，導演陳明才隔年消失人間，藝術總監游源鏗後來也離開蘭陽舞蹈團，舞團又回歸既有的舞蹈格局，即使2007年《聽花人》改編重演一次，並沒有到達2002年激烈交鋒所展現的曖昧混亂與矛盾分裂的意境。2002年舞劇雖然顛覆了舞團過於樣版化的正向積極的價值觀，卻也導致舞劇自身風格上的錯亂。這恐怕不是創作者預期的風險，整齣舞劇變成一場暴露自身風格錯亂與分裂的藝術行動事件。一場美學實驗變成了風格錯亂的症候本身，以致於讓意義的自我指涉深陷其中，付出被貼上失敗與不成熟的負面評價，以及被歷史遺忘的慘痛代價；也失去了創造一場置身其中，又超越其外的美學想像─在深度與高度上的機會。

2006年去湧蓮寺參加中元普渡之前，重看〈聽花人〉的全部影像時，有很強的吸引力，我覺得這齣戲帶有我去宜蘭找阿鏗時，這位阿才創作伙伴所說的阿才悲劇精神，以及他們倆帶有佛教或民間信仰、或其他對於生死探索的深意，和林麗珍的儀式劇場，一體兩面。這齣〈聽花人〉非常適合中元普渡！深沈洗淨，從內到外，輕鬆自在，宛若處子。記得第一次看〈聽花人〉就嚇一跳，非等閒之輩，非常具有靈魂重量的劇作，這是集體所綻放的光芒，和阿才後來的solo不一樣的種類。

美學變貌的未竟之志？
——蘭陽舞蹈團《聽花人》（註1）

舞蹈風格的現實條件

舞蹈是凝聚與延續族群集體記憶的重要文化形式，也是藝術家探索個人內在欲望和外在世界相生相剋的肉搏戰。不管集體或者個人，舞蹈都不只是延續過去，也同時是指向未來的肉身紀念碑。舞蹈超越一般現實利益與道德規範，追求生命本能與本眞的存在動力；但也同時是社會集體的產物，反映了宗教信仰、大自然環境、政治權力與經濟力形塑下的生命肌理。舞蹈可以是宇宙的(cosmic)力量透過肉身的彰顯，也可以是帶有民族主義、個人主義、不同意識型態與價值觀交鋒交融的能量場。

舞蹈與意識型態

舞蹈創作在台灣長久以來受到諸多意識型態或價值觀的影響，就本文所要探討的蘭陽舞蹈團而言，至少有以下幾種。**第一**，是自戒嚴時期（1949年到1987年）以「反共愛國」主義爲主的政治意識型態、以及解嚴迄今隨著不同執政黨所主導的官方意識型態。**第二**，是舞團經費來源的主事者的價值觀，尤其是上述政治意識型態以及宗教、道德規範、階級意識的立場，所產生的保守與前衛的作風之別。**第三**，是和升學制度結合的功利主義，將所有的學習活動視爲轉換成物質利益的投資，將那些和升學考試無關的知識與體驗邊緣化，導致了忽略底層勞動分工與弱

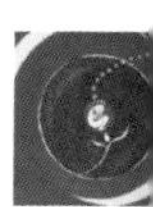

勢族群，向功利式的菁英主義靠攏的價值觀。

上述影響舞蹈風格的現實條件，具體的例子之一可能就是在戒嚴時期起曾在國中、小學受到執政者重視的「民族舞蹈」類型。官方所推行的「民族舞蹈」，透過尚未撤退來台灣前所蒐集到的中國大陸民族舞蹈紀錄，以及台灣本地的民間風土習俗與原住民歌舞作基礎，一方面以傳統文化保存與發揚爲目的，另一方面也夾帶軍隊化、法西斯式的肢體訓練。因此在台灣長久以來民族舞蹈受到不少壓抑與扭曲，不同族群原本所具有的舞蹈特色，被用來服務於愛國主義與道德規訓的意識型態（註2）。

儘管「民族舞蹈」的類型在戒嚴時期，早已有不少台北都會裡的舞蹈家（例如蔡瑞月、劉鳳學、林懷民…等）突破政治意識型態的限制，企圖將「民族舞蹈」脫胎換骨，將個人體驗、社會現實，以及古典舞蹈意象、庶民習俗與歷史記憶加以連結，透過現代舞的肢體表現形式，開創出台灣舞蹈藝術的新局。但是迄今仍有不少舞蹈社團與國中、小學的舞蹈教育，還停留在宣揚空洞的道德教條，或者爲升學考試服務的功能上，形成了舞蹈風格上的落差。這些被視爲保守或功利主義的舞蹈訓練，和那些企圖追求自我挑戰、追求眞實生命意境的藝術創作者之間，可能井水不犯河水，不相往來，也可能互相交會、交鋒或交融。

衝突的舞蹈美學

在現今社會裡所謂的「多元」，原先就帶有期待不同價值觀之間互相尊重包容、公平競爭、互相輝映的理想，來扭轉被單一權威支配的價值觀。理念相近者彼此合作是理所當然的現象；理念截然不同的藝術創作者之間，多半互相競爭或互相迴避，很少有意願嘗試去進行一場價值觀或美學表現上交戰與交融的激盪。儘管這種嘗試可能成功，也可能失敗或不了了之。但畢竟願意進行藝術創作的合作，不論交會結果如何，都包含了雙方跨越自身限制，尋求共創新局的冒險理想。

從差異或對立的價值觀中創造新局的期許，成爲我撰寫本文的主要動機。我嘗試勾勒以下這場美學的交鋒事件，發生在2002年的一齣舞蹈劇場（2007年改編後二度演出），一邊是劇場界特立獨行的奇人陳明才和游源鏗，另一邊則是向來未曾與「前衛」藝術理念邂逅、帶有天主教立場、以表現社會「光明面」爲宗旨的蘭陽舞蹈團。兩造合作完成了一齣《聽花人——大鑼樂舞劇場》，2002年在宜蘭首演。

在這場被台北媒體與評論圈漠視的「地方」藝文事件裡，我卻看到了精彩的不同美學立場交會、交鋒與交融的肉身化過程。這些舞蹈風格的激盪，絕非只是空泛的理論概念的套用，或只是表面功夫的過招，而是反映了現實場景裡權力意志的角力過程；涉及到藝術創作理念的強弱、也涉及到理念背後現實權力強弱的角力。當然這場「弱勢」創作者的美學實驗，在關心對「指標股」錦上添花心態的台灣評論圈，可能連表現不佳或「失敗」之類的批評都吝於出現。這齣稍縱即逝舞劇在2007年在台北又重演了一次（註3），這次和首演相較更乏人問津，毫無媒體上現身的機會。

整齣《聽花人》所呈現的價值觀的交鋒，並不只是在於舞劇表現主題與風格技巧上的優劣，而是涉及了藝術創作如何「眞實」的議題。爲何蘭陽舞蹈團過去的舞蹈被視爲「優雅、整齊、健康」的樣版模式？這樣的藝術風格背後是怎樣的價值觀與意識型態的桎梏？這樣「優雅、整齊、健康」的樣版模式裡，是否帶有「矯飾」、「虛假」卻不自知的自我設限呢？有沒有賦予它新的美感蛻變的可能性呢？這是表演藝術家陳明才和游源鏗所企圖挑戰與進行的冒險。

陳明才和游源鏗所挑戰的雙重美學進路是：第一，讓那些原先制式化、矯飾的「民族舞蹈」動作，變身爲解構此樣版肢體語言的武器。透過顛覆自身，來照見矯飾的整齊與樣版的健康風格底下的血肉；第二，加入交雜著虛無主義、存在主義、接近無政府主義的無產階級與東方形而上的宇宙觀，以及無厘頭又有點自虐色的流動意象風格，來衝撞教條

式的和諧秩序。

但是，陳明才與游源鏗所提出的追求內在生死體驗的迷惘，以及掙扎於虛無與豁達之間的生命探索，果眞揭露了蘭陽舞蹈團另一種生命的「眞實」面貌？這些充滿不確定感的生命態度，對這群少女舞者而言如何揭露藝術之眞呢？擅長中產階級乾淨、健康、整齊的表現手法的少女們，如何在短時間內轉化爲另一種號稱返回生命本眞的藝術風格呢？

這樣迥然不同的藝術風格的轉變，對舞者而言是朗現生命的本眞、還是掉進另一種「矯飾」的虛無化的意識型態呢？兩種不同的藝術風格與其背後交鋒的價値觀，對這群扮演著舞劇關鍵角色的青春少女來說，又將如何展現這次艱鉅的美感變貌任務呢？

這場《聽花人》似乎註定成爲一場集結冥思、輓歌、祝福、徬徨、混雜，介乎悲劇與鬧劇之間的超齡荒謬豪賭。只此一齣，導演陳明才隔年消失人間，藝術總監游源鏗後來也離開蘭陽舞蹈團，舞團又回歸既有的舞蹈格局，即使2007年《聽花人》改編重演一次，並沒有到達2002年激烈交鋒所展現的曖昧混亂與矛盾分裂的意境。2002年舞劇雖然顚覆了舞團樣版化的「正向」價値觀，卻也導致舞劇風格上的錯亂。這恐怕不是創作者預期的風險，整齣舞劇變成一場暴露自身風格錯亂與分裂的藝術行動事件。一場美學實驗變成了風格錯亂的症候本身，以致於讓意義的自我指涉深陷其中，付出被貼上失敗與不成熟的負面評價，以及被歷史遺忘的慘痛代價；也失去了創造一場置身其中，又超越其外的美學想像—在深度與高度上的機會。

蘭陽舞蹈團的美學光譜

天主教背景與本土化

這場美學變貌的主角蘭陽舞蹈團一九六六年由義大利籍秘克琳(Michelini)神父在宜蘭創團（註4）。自一九七四年起至今四十多年來，一直有前往與天主教關係密切的國外機構演出的機會。與台灣社會現實疏離、符合官方文藝政策的傳統民族舞蹈，成為秘克琳與他所屬的天主教靈醫會(Camillian)向華人文化以外的區域，展現天主教在東亞地區傳教的「在地化」成果。**蘭陽舞蹈團所受到的意識型態是雙重的：一是戒嚴時期政治控制的影響，另一則是天主教教義影響下的藝術精神，包括一九六零年代後期梵諦岡第二屆大公會議之後，注重和傳教當地文化結合的「本土化」路線**。

蘭陽舞蹈團的特色並非當時一般台灣社會在美國政經勢力影響下，以歐美現代主義風格來取代傳統中華文化的西化路線，反而接近官方在「民族舞蹈」口號上所強調的傳統社會光明面。這種光明面的強調不全來自政治法西斯式的意識型態，也包含秘克琳對於基督宗教一神論權威的理解。在上主神聖權威的掌控下一切秩序井然，宣揚由上主所創造、掌控的美好世界；那些被視為不符合教義、不符合和諧美善尺度的邪惡價值或明顯異教色彩者，避而不用。

基督宗教一神論的絕對威權對於世俗集權國家權力的批判，在現實層面的操作形式，有其神學意識型態上詮釋的曖昧性，有的主張將世俗集權國家視為上主絕對權威的再臨或代理，也有主張將集權國家執政者的權威視為上主絕對權威的對立者。不過，**秘克琳則選擇將兩者之間相近的價值結合一將上主治理萬物、賜福人間的光明面**（註5），**與執政者反共愛國主義巧妙地融在一起**（註6）。這種被窄化的基督宗教意識型態——優雅、柔和、整齊、順服、鼓舞人心、老少咸宜的基調，和戒嚴時期執政者所要求凸顯的一元化、愛國主義歌功頌德的意識型態相吻合（註

7）。

在一九八七年七月政府解除戒嚴令之後，蘭陽舞蹈團並沒有像解嚴後一九八０年代末期的小劇場表演團體一樣，進行各種在族群、階級、性別上對意識型態批判的創作實驗（註8）。秘克琳和台灣大部分天主教團體對於政治議題的態度是一致的，避免讓舞作出現和政治現況掛勾的聯想。台灣天主教會所面對的「本土化」中國，長久以來一方面以古代經典作爲會通的對象，另一方面也試圖在現實生活中，賦予宗教哲理新血肉。這也是秘克琳透過民族舞蹈的形式，去實踐傳教工作的自我期許（註9）。**蘭陽舞蹈團正是天主教教會從知識菁英的「本土化」，轉向社會實踐的重要中介。可惜，遙遠的中國懷舊式想像，似乎已經滿足了多數台灣外籍神職人士的異國浪漫投射，也滿足了多數從大陸跟隨國民政府來台的中國籍神職人員與信徒的鄉愁。**

美學變貌的萌芽

台灣在解嚴後如火如荼、風起雲湧的前衛表演藝術運動，顯然並沒有影響到蘭陽舞蹈團既有的保守風格，例如那些矯飾、優美典雅、缺乏現實感的中原宮廷舞風如羽扇舞《江波舞影》、彩帶舞《雨過天青》，或者模仿邊疆民族手執金環、花圈的苗族舞蹈《跳月》等等（註10）。蘭陽舞蹈團受到「中華文化」正統性的主要挑戰，是在一九九零年代初在國際民族舞蹈的表演場合，遭逢來自中國「本尊」的舞蹈團體，才讓「自給自足」、「自閉已久」的秘克琳認眞考慮蘭陽的「民族」舞蹈究竟是哪種中華民族的文化，開始進行舞作題材的轉向（註11）。

外在環境所提出的文化正統性的質疑，暴露了蘭陽舞蹈團在舞蹈形式與精神內涵的危機。這讓秘克琳與蘭陽編舞團隊自一九九三年起，加入更多結合台灣本地歷史、風土民情的舞作（註12）。到一九九九年《噶瑪蘭公主》舞劇時，儘管還謹守少女舞蹈社團老少咸宜、道德勸說的鄉鎮型保守中產階級品味，在意境上已經出現不同於大團圓喜氣的悲情結局，流露出缺憾、等候、期望中無盡懷想（註13）。

游源鏗在二零零一年成爲蘭陽舞蹈團的藝術總監，企圖找尋突破蘭陽舞蹈團過去在「民族舞蹈」上受制於宗教教條、政治意識型態、以及道德規訓的價值觀。他希望透過題材與舞風的轉變，讓蘭陽舞蹈團更貼近眞實人性的探索，也期望這種舞蹈美學的轉變，能幫助舞團進入更大格局的台灣表演藝術市場的競爭版圖。游源鏗認爲陳明才一這位曾經和他在一九八零年代後期打下台灣小劇場與政治街頭運動一片天的昔日戰友，正是助他將蘭陽轉型的不二人選。而曾經在八零年代末引領台灣小劇場一時風騷、卻在九零年代初遠離主流表演圈十餘年的陳明才，也在這次大學同窗好友游源鏗的引介下，擔任了和他叛逆與顚覆風格相差十萬八千里的少女民族舞蹈團《聽花人——大鑼樂舞劇場》大型舞劇的導演工作。

《聽花人》的美學拼裝團隊

當陳明才遇到蘭陽舞蹈團

在本書上一章〈跨界游離—陳明才劇場藝術初探〉，我已經提過，作爲一位將生命與藝術創作交融在一起的藝術家，陳明才從學生時代起創作的特質，就在於挑戰那些強勢的意識型態權威，不管是國族或階級意識的衝突，或者性別越界的禁忌。他藉由挑戰既有威權的框架，來探索那渴望到達、卻永遠也無法企及的自由。台灣民間各種儀式結構與本土劇場元素，特別是對底層文化巧妙而創新的挪用，是陳明才創作的血肉：廟會慶典的儀式、外台戲、民俗曲藝／陣頭、原住民祭典、電台電視講古（說書人）、賣藥、工地秀、餐廳秀、牛肉場、電視綜藝節目、霹靂布袋戲、台灣早期台語搞笑電影、街坊喜喪晚會的「黃鬧劇」、搞笑漫畫…（註14）等等。這些創作特色從他所參與創作的劇場作品，例如表演工作坊《開放配偶（非常開放）》（1988）、優劇場的《七彩溪水落地掃》（1990），以及隱居中部之後的《逗小花歪傳》（1999）可見一斑。（圖1）

圖1、《聽花人》節目冊封面，蘭陽舞蹈團提供

另一方面，陳明才著迷於無法達至、無可替代的死亡恐懼，以及貌似否定生命卻又像深淵中「靈光」乍現的死亡想像。這種無盡的死亡想像，弔詭地卻讓陳明才分娩出拆解與重生的創作活力。陳明才向來視生命即劇場，劇場與現實生命之間沒有距離。**這裡關鍵的不是劇場元素的技藝是否熟練，而是透過創作讓生命朗現生命，而非只是對於社會現實的刻意模仿，或者裝模作樣、置身事外的造假。**

陳明才揭露的不只是人文主義理念下「人」的概念，而是活出像神、像人、像獸、像植物、像宇宙、會通形而上與形而下世界裡的能量。透過劇場那種「我」宛如「他者」的「附身我」，讓「我」拆解「我」原先的界線、阻礙、甚至毀滅了「我」自身，生出新「我」（註15）。

陳明才主動找尋或因緣際會地遇見創作者或創作團體之後，透過個人特質與創作的才情，他這位外來者很快地成為這個創作團體（散裝或集體）中的主導者。接著，陳明才藉由各種挑戰對方底線的方式，和這個創作團體展開激烈的價值觀肉搏戰。透過陳明才所挑起的對抗過程，讓對方在彼此衝突激盪中，重新思索自己的偽善與盲點之所在－道德禁忌、族群、階級、環境生態、性別、宗教信仰…等等，進而激盪出雙方在創作理念上的轉變。有時陳明才看見轉化雛形出現了，就離開另覓新戰場；但多半則是該創作團體中的領導者害怕被奪權而趕走他，所以他一直流浪，找尋新的作戰伙伴與對手，直到消失人間。

蘭陽舞蹈團對於陳明才而言，是一個充滿挑戰的對手。除了挑戰那個封閉在宗教意識型態與社會規訓價值下所操弄的空洞肢體符碼，另一種挑戰則是年齡、性別與階級意識上的僵化。舞團成員多少受到天主教式的、中產階級道德規範的影響，這些少女們在追求優美、乾淨、整齊劃一的肢體訓練下，由於無法企及宗教規範所要求的美善和諧，以致淪為矯飾的招牌笑容，與機械化單調的儀態動作，以及帶有男性欲望凝視下的女性體態的刻板模式。**如何讓舞者重新體驗生命的處境，尤其是面對死亡、不確定、孤獨、物化、鬥爭的生命實況，以及如何從舞蹈中沈**

濺、冥思，去觸摸到生命超越現實的動能，這是陳明才這次的創作肉搏戰中所迎接的衝撞張力。

在這齣舞劇中，陳明才和編劇游源鏗、編舞黃玉茜所組成的編舞團隊，將「中國」／「台灣」與「外來」／「本土」在意識型態上的交鋒，企圖拉向另一種接近無政府主義的宗教意境上。整場舞蹈的現場氛圍（燈光、服裝、佈景、情節結構的呼應）晦暗而曖昧，彷彿不在人間。這些舞者彷彿鬼魂離開人間之後，尚未到達最後歸宿之前，那種介於「在…之間」的撲朔未明、前途未卜的過渡期流浪。另一方面，從本劇那些帶有「現代風」與「民俗風」的服裝、道具、舞台設計、配樂曲風與舞蹈動作等風格，可以看見和舞團過去的製作手法，在文化認同與階級意識的差異立場上，企圖尋求交融的拉扯痕跡。

編舞團隊以人的靈魂、萬物有靈式的尋求天人合一的認同感，去取代基督宗教全能上主的庇護或支配，以及取代投機式國族歷史記憶的炒作。編舞團隊這樣的嘗試乍看似乎逃離現實，但是逃離現實的被動與無奈裡，其實還帶有從現實利益爭奪的泥淖，轉向追問宗教意象中無根式的、隨遇而安式的「人」的迷惘與釋然。藉此對比，照見「和諧圓滿」的樣版底下的血肉。

再者，這種自我批判的關注不只是放在人的現實利益層面，也放在人之外的自然生命之間的關係。從「人」去還原到生命作爲力量與力量之間、意願與意願之間分合生滅轉變的關係。此外，舞劇也企圖凸顯年輕舞者肢體的制式化與純眞之間的張力，以及如何回到青春生命自身，那種認眞卻又「作假」的荒謬現況。

《聽花人》對「本土化」的若即若離

《聽花人》這樣「逃離現實」、將計就計的佈局，對於蘭陽舞蹈團的主事者秘克琳而言，那些隱晦地遊走於天主教邊緣的異教風格、個人

圖2、十二面大鑼，蘭陽舞蹈團提供

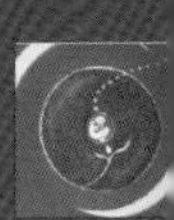

主義與無政府主義傾向，雖然不符合舞團的愛國愛家的宗旨，但或許還能迎合舞團對於政治立場一貫的躲閃態度。不過顯然《聽花人》的編劇團隊已經挑戰秘克琳神父的極限了。秘克琳對於2002年的劇本並不滿意，在2007年的演出版本裡，他希望更明確地展現「正面」生命秩序的意象，刪除那些令他難以理解的曖昧情節。（圖2）

《聽花人》不像《噶瑪蘭公主》那樣劇情清晰、具有明顯「在地」色彩的遠古淒美神話故事，編舞團隊視《聽花人》爲和「本土」若即若離的自我凝視、又自我疏離的夢境。這樣的美學意境的自我期許，讓這齣戲不再是蘭陽舞蹈團打著老少咸宜、親子同歡的熱鬧社教娛樂劇，而是面對忙碌、機械化、幾乎喪失自我、卻又自我本位的現代人，一趟超乎青少年年齡額度的生死景觀邀約。

擔任這場生命景觀引路的使者，就是這群慣於穿著鮮豔古裝、認眞地「作假」的少女舞者。少女們在這齣舞劇中被編舞團隊期待成爲旅者、肧芽、蛆、花苞、海濤、勞動者、軋鼓手、謠言散播者、喪葬陣頭…。只是舞者的身體在短短數月的密集排練裡，充其量只能在表面動作上進行「量」的技術變化，還無法感受到身體內被引動、召喚而出的「質」感的轉變。因此這場理想與現實的舞蹈美學實驗難度甚高，編舞團隊必須找出借力使力、以小搏大的美學變貌突擊點。

雖然舞者們只能複製矯飾的樣版肢體語言，不過，**編舞團隊企圖賦予這些「舊」的舞蹈語言「新」意涵，將之轉化爲眞假難辨的意義符碼，以民族舞蹈來「反」民族舞蹈、讓「作假」變成這齣舞劇借力使力的關鍵表現**。另一方面，少女們無庸造假的「青春」與「天眞」的活力，則可以讓這齣生死追尋的舞劇，流露出成人舞團很難企及的「赤子之心」，尤其是〈無盡搖籃〉的段落，彷彿舉重若輕地與死亡共舞的對比。當觀賞者能察覺到這種舞蹈符碼意義調度的精妙時，那種舞蹈美學所展現的清明或殘忍，將讓人豔羨既又不寒而慄，又不知舞者們的釋然反差是眞是假。

還有另一組像引路者又像監督者的角色，那就是大鑼和古琴——兩種兼具沈穩、磅礴、幽微、流動感的樂器，這兩種樂器迴盪在無聲與有聲之間，時而主奏、時而伴奏，在如不在，像把舞劇烘托出來、又像把舞劇圍住的聲音界限（註16）。十二面大鑼金黃耀眼的造型，帶有慶典喜氣、禪意和後工業時代極簡美學的設計感，大鑼所具有的「在地」與「本土」指標作用，還兼具地域性技藝薪傳成果（註17）。這些豐富的大鑼造型所透顯的文化意象也正是台灣自一九六零年代起，從農業社會轉向工業社會後的時代縮影。

音樂總指揮也正是編舞團隊遭逢的另一位本土與外來文化衝撞的合作對手——瑞士籍音樂家羅徹特(Michel Rochat)（註18）。羅徹特希望他的音樂作品能融合儒、釋、道和基督宗教等多種哲思，在他所創作的《聽花人》音樂意象裡，舞劇開始於世界的創造，宛如一天的變化、四季循環、一位旅者走過人生歷程。隨著不同段落流轉，直到生命終了，到向未來的盼望（註19），充滿和諧的秩序與生生不息的盼望。**《聽花人》團隊裡每一環節的創作者，都以自認的美感意象去創作，編劇、編舞、導演、製作人、舞者之間，展現了不同藝術表現的交鋒，誤打誤撞地舞出一齣尚未成熟就早夭的另類普渡牽亡舞劇。**

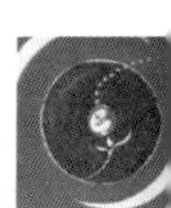

舞劇結構

接下來，我將透過舞劇情節進行的敘事結構（註20），來進入這場你來我往、豐富多樣的美學交鋒過程。編舞團隊企圖呈現的舞蹈意象，經常不只是透過視覺，而是邀請所有感官都打開來——用視覺、聽覺、嗅覺、味覺、觸覺、心靈覺知等。**《聽花人》的「聽」，意味著：聽見虛幻中的眞實，聽見邪魅與清明**（註21）。另一方面這些感官總動員來自舞台上意象的不確定性與流動感。整齣舞劇誘使觀者進入廣袤又封閉、縹緲又壓迫、自在又自虐的狀態，以這樣矛盾感覺的交織，來凝視生命內在的面貌。**這是陳明才式的表現特色——沒有置身事外、無關痛癢的美感，美感總是參與其中、多方交鋒與交融的矛盾**。藉由這些多重意象的流動關係，來打開蘭陽舞蹈團原先被壓抑成一種重複與僵化的舞蹈風格。（圖3）

第一座橋：迷宮中，有一群不斷旅行的老鼠

一開始在舞台上，除了華麗又莊嚴的大鑼背景，是一群拖著旅行箱、企圖製造混亂衝撞、卻又有點生澀造作的白衣舞者，一名穿黑衣的聽花人、流浪者或者旅人，走在這群白衣人潮中，以少女的清純之音唱出：「落花飛何處 人去無歸期 風箏墜又起 春盡杜鵑啼」，舞台旁音樂串場人古琴手游麗玉，緊接在少女的歌聲中，以無比哀戚的泉州腔再唱一遍剛才悽愴的歌詞，舞台燈暗。這是序曲。

畢竟舞者在過去甚少在舞台上表現匆忙、冷漠、不知所措，還在適應新風格的階段。這和編舞團隊所期待的迷宮中不斷旅行的老鼠，距離甚遠。果然在2007年的演出已經刪除這項艱澀的意象。舞者們穿著同款白衣褲頗似制服，不像卑微亂竄的白老鼠，倒像機場那些端莊優雅、急忙準備出勤的航空公司小姐。

圖3、《聽花人》〈天人〉，蘭陽舞蹈團提供

編舞團隊原先想表達帶有卑賤搗蛋、猥瑣、去之而後快的「變成鼠類」的意象，在第一回合的舞台效果上竟表演成空姐出勤的模樣。少女舞者的空姐意象，其實不也正是這種時下常見的旅遊、遷移的經驗嗎？對這群青少年來說，恐怕全家旅遊的經驗遠勝過自己去流浪來得真實。「流浪」在許多勵志青少年題材的創作裡，通常帶有叛逆冒險的過渡性成年禮的象徵，從既有的社會結構或身份中脫離，進入反社會結構的混沌與考驗，最終再重返社會結構的新身份確認。不過，漫無目的蹺家去流浪，與不知何所來兮何所終的虛無感，不是這支舞團所能接受的尺度。

至於這群沒有流浪過的少女舞者，這齣舞劇也讓她們開始一趟難以界定身份的冒險之旅。這次她們所面臨的挑戰其實是艱鉅的：雙重身份轉換的考驗，一邊是既有的、熟悉的傳統民族舞蹈風格的展現，另一邊則是新的肢體、感官探索的訓練。只是不知這兩者是否都只是大人世界外加的要求，青春洋溢的少女們自覺或不自覺地藏著自己的另一面。至於這齣舞劇裡陸續出現的第幾座橋，標示著一種類似過場、串場，又像死後亡靈到往靈魂最終歸宿前一關又一關的「過橋」。整齣戲的這五座橋看似有簡短對話與情節，但幾座橋與前後舞蹈之間似乎有互相呼應，但又沒有明顯的因果邏輯關係。

天人→花雨

舞台燈光由暗而微明，陳明才希望展現：人之初生、冬去春來，花孕育而生。在這樣的氛圍裡去探索：「我」是什麼？是什麼使「我」存在？「我」從哪裡來？欲往何處去？「我」是花、是蛆、還是幼靈嗎（註22）？陳明才原先期待的肉色緊身的胚胎服裝，硬給加上了黑網蕾絲，蘭陽舞蹈團的服裝尺度還無法接受裸身意象的挑戰（註23）。舞者們蜷伏於舞台中央，緩緩地舞動四肢，像在水裡泅泳、嗅聞著，找尋自己或者母體的味道，即使成爲胚胎，也還是優雅而乾淨。萌芽了，習慣於整齊一致的動作，卻因爲不看到彼此，個別的手指、手臂謹慎、略帶遲疑地慢慢伸出來。

在《聽花人》中有兩段慢版，對舞者都是高難度的挑戰，一是〈花雨〉、一是最後的〈如是我聞〉。這種透過肢體動作、透過感官經驗，去想像形而上的天人合一意境，一直是台灣不少成年人舞蹈劇場，企圖結合肢體感官的小宇宙與形上大宇宙律動的美學表現。但由於難度甚高，牽涉到舞者長期身體力行之後，形體與神韻交融的實力，所以往往表演者流於造作，表現傑出者並不多見。只是這類需長久融入其中的感官能力與肢體能量的探索，對活在工業社會裡與機器爲伍、與大自然疏離、背負升學壓力的少女舞者而言，不僅生活圈無緣接觸，連學校裡也罕有接觸機會，只靠短短幾個月的排練，恐怕比民族舞蹈那些動靜明確的動作更難掌握。

「緩慢」的「動如不動、不動如動」，其實是最艱難的肢體表現（註24）。體態動作如何在緩慢中展現起承轉合的層次變化，不管是輕微的喜悅，或者是歷經悲愴過後的釋然，都需要生命歷程裡不斷地琢磨與銘刻。憑藉著那些贗品式宮廷舞蹈的慢版身段，蘭陽舞蹈團的舞者們往往只能在意象外圍裝模作樣。當舞者們跳著優雅曼妙的民族舞蹈時，往往透過鮮豔的彩帶、花圈、折扇等道具的輔助或遮掩，藉由耍弄道具的熟練，以及變換團隊舞姿的技巧來博取觀眾的好感。但是這些外在技巧，在這次編舞團隊貫穿全劇的反諷式「民族舞蹈」的戲仿手法上，卻讓舞者們混雜出第三種難以掌控的肢體樣貌。這讓編舞團隊原先對於舞蹈風格的期待出現了變數。例如在這段簡單卻意味深長的「慢版」意境時，就遮掩不住舞者們火候未到、接近硬撐的貧乏與單調。不過，下一段〈方舟〉又近乎豐富而多樣。

第二座橋：請問前路在哪裡→方舟

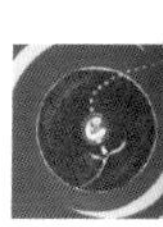

在一段蟲鳴、蛙鳴的靜謐之後，聽花人又出現了，她手拿地圖向一位賣花人問路，賣花人沒有回答他，告訴她，路在她心裡，送她一束花。不同音域的大鑼輕緩地響起，舞台邊緣出現了一位雌雄莫辨的縴婦（夫）（註25），縴婦（夫）隨著大鼓的節奏，一步步地拉出猩紅色狹長、宛若生命臍帶的布幔，和舞台外不可知的力量之間拉扯不休。接著，燦然笑容的少女舞者，熟練地手執藍色大旗，上下左右移動搖擺，像海浪、像風、和像單純的耍旗遊戲，大家聊天嬉鬧。縴婦（夫）與現場陸續現身的這些舞者之間若即若離，頗像生命母神的隱喻。辛苦創造世界之後，和所造世界之間卻疏離了，載浮載沈的芸芸眾生各玩各的。鑼鼓繼續此起彼落，像遠處若隱若現的波濤。（圖4）

這些取自民族舞蹈的節奏與身段，舞者們駕輕就熟。眼見似乎又要回到舊有民族舞蹈慣常出現的刻板動作時，編舞團隊卻加入了截然不同的劇場元素，那就是躲在縴婦（夫）後面暗處，在舞台最裡層、最高階梯上、戴潛水蛙鏡、穿蛙鞋、綁著旅行箱、偷偷地逆向泅泳（可能在陸地上、水裡、或者陰間）的聽花人了（註26）。聽花人在暗處，幾乎被舞群的熱鬧遮蔽了。舞台上有四層的互相關連卻又向沒關連的舞者，舞台最後面有擊鑼者此起彼落的鑼鼓聲，最前面是熱鬧、自得其樂的眾生浮沈，和縴婦（夫）進退維谷的拉扯，中間則是那位聽花人藏在暗處、隱晦的「封閉」、「壓迫」與「自虐」的形象。意象多到有點飽和的舞台，聽花人在舞台上其實並不起眼，或許編舞者想以舞台現場的「邊緣化」來自我嘲諷聽花人被邊緣化的手法。雖然有「實存」(existential)上的傳神，但也可能眞的被觀眾給遺漏了。

第三座橋：告訴我，到底是什麼時候→模造

在舞台上那位串場的聽花人已經不是剛才的蛙鏡、蛙鞋裝扮，回到

圖4、《聽花人》〈方舟〉，蘭陽舞蹈團提供

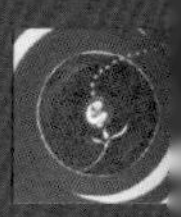

手拿地圖，拖著行李箱，繼續問路。但是，當聽花人走過來問路時，那群忙於手機講話、忙於發牢騷的人群，聽花人進不去他們忙碌的感官、封閉的心，卻被他們的忙亂擠掉了手中的花，無奈的聽花人也聽不見自己。舞者們自在地講著手機，扮演自己多麼自然。但是要舞者扮演工人，卻相當困難。舞者們打卡、打卡，搬貨、搬貨，強顏歡笑、機械化的動作，日以繼夜，一再重複。善於矯飾優雅動作的少女們，卻沒有機會學習如何舞出勞動者的身體。聽花人把她手上的一束花，也跟著這群工人一天的收工，把花插進打卡機。

蘭陽舞蹈團和台灣許多民族舞蹈團的肢體訓練，所遇到的瓶頸類似。長久以來繼續抄襲那些同質化、去階級化、去脈絡化、爲政治意識型態與道德訓誡服務的樣版民族舞蹈風格，以致於在這樣不切實際的認知心態下，編舞者和舞者沒有機會去瞭解不同族群、不同分工階層的眞正肢體動作特徵。再加上從小到大的學校教育，在升學制度影響下，菁英主義與文憑主義的偏見，透過學校教育貶抑了其他底層勞動者的價值。這樣的階級意識也限制了舞蹈創作者對於各種生存實況的瞭解與創作力。

這次《聽花人》編舞團隊逆向操作「民族舞蹈」矯飾化的肢體語言，讓這些對底層勞動者的肢體毫無體驗的少女舞者，以其「乾淨優雅」與「笑容燦爛」的樣版矯飾動作，透過非寫實的反諷來表現辛苦勞動的體態。只不過這種不得不採取的逆向操作，遇到沒掌握到編舞團隊反諷手法的觀眾，可能淪爲動作不到位、畫虎不成反類犬的指責。

第四座橋：你聽到了嗎？我最大聲而隱密的生命→交戰

過猶不及的拿捏，往往是作品成功與否的關鍵。當模造歡樂的工人退場，聽花人再度走向聚光燈，略帶淒涼、拘謹地用大聲公，講起自己的心事。古琴聲忽快忽慢地纏綿、糾葛地撩撥著。聽花人說，她的母親去世了，會去向哪裡呢？而她自己又要往哪裡去呢？另一名他左手邊的少女，也拿起大聲公，講她的心事，還沒講完，右手邊的少女也講他自己的心事，於是大家都用大聲公，大聲地講出自己的心事，卻沒機會聽到別人的心事，儘管別人也講那麼大聲，但舞台上三盞各自打在少女身上的燈，讓少女心中的恐懼與悲傷、歡笑與煩惱，都那麼大聲卻又那麼隱密。

聽花人緩緩起身，背向觀眾退場，再次吟唱出「落花飛何處 人去無歸期 風箏墜又起 春盡杜鵑啼」。這歌詞裡的意境對少女而言也只能強說愁。如果說民族舞蹈裡的生命悲喜被戒嚴時期的意識型態控制給閹割了，以致於淪爲舞者的矯飾動作。那麼，《聽花人》編舞團隊所期待的生命悲喜的意境，對這群年輕舞者而言，也因爲超齡之故，而顯得陌生而疏離吧。

這時串場人古琴手游麗玉無比哀戚地重複再唱兩遍剛才悽愴的歌詞，令人不勝噓唏。這麼沈重淒涼的感受不屬於少女，而是屬於唱者所歷經的滄桑。這般悲戚傷逝的眞情，劃破了這齣舞劇進行到此以「假」反「假」的佈局。傷逝的歌聲如此椎心泣血、又如此地精準，對照之下，一時之間「民族舞蹈」被濫用的樣版贗品風格完全退位。

但是，就只是這麼短暫的瞬間，觀賞者還來不及在這樣的感受上停留，就迅速地被下一波熱鬧的律動淹沒了。熟悉的號角聲已經響起，舞者們生龍活虎、磨拳擦掌，熟練地擂起隆隆戰鼓。眼見又是老掉牙的鼓舞士氣、殺敵獲勝的軍隊式戰鬥樣版，卻再度又被編舞團隊給化解了。舞台上或明或暗的詭異光線，人影雜踏，虛虛實實，製造了敵我難辨的詭異。雙方戰鼓震天嘎響，舞者們妳爭我奪，玩得不亦樂乎。編舞團隊期待透顯出：或友或敵、烽火塵上、激烈交戰。在交戰中品嚐生命與生命之間的實際距離，是自己與自己的交戰（註27），也是民族舞蹈的「我」對解構民族舞蹈的「我」的交戰。

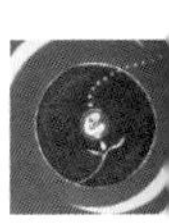

道聽→無盡搖籃

在〈交戰〉中品嚐生命的實際距離。聽花人呢？聽花人也陷入交戰了嗎？還是陷入〈道聽〉追求眞理的漩渦。舞者們戴著全白無彩面具，奔跑在舞台上，像無頭蒼蠅亂竄。銘寫在舞者衣襟上又彷彿烙印全身的文字，是眞理還是教條呢？像嗚咽、像鼓譟的無調性詭異的胡琴聲，與陣陣急促的鼓聲，一再騷動。戴上面具看不見舞者一以貫之的燦爛笑容，編舞團隊「戴面具」的意象具有「看不見說謊的歉疚，掩飾眞實自己，變成人云亦云」（註28）。舞者們抖動肢體、搖頭晃腦，裝模作樣彷彿恍神起乩，衝下舞台，彷彿要和觀眾互動。但這一切精心設計的細節匆匆經過，觀賞者還沒入神，就進入下一段落了，果眞可以捕捉到這條思索的路線—「生命的謠言在傳播中成爲眞理」嗎（註29）？對坐在在我周遭的少女觀眾，似乎關心學姐舞台上出現的次數，勝過對曖昧燈光下眞理與謊言的辨識來得起勁。（圖5）

一群全身絳紅色典型民族舞蹈服裝、抬著高高的黑布幡、手拿花籃的少女們，興高采烈地出場。依舊優雅燦爛的笑容，一邊跳舞、一邊灑花。編舞團隊的以「假」反「假」的遊戲，在此出現最精妙的對比——歡樂的喪禮。在不斷行進的行列中，少女們整齊而歡樂地跑跳，輕快地吆喝著「過一橋一！」戲仿了台灣喪葬文化的悲喜交融的荒謬綜藝感。在戲耍中似乎跨越了生死的藩籬，慶祝死亡，在墳頭戲耍，迎接另一趟靈魂漫遊的開始。

少女舞者不只展現「少女」的生理性別角色，編舞團隊也期待從中性化角色的性別越界，到跳脫「人」身意象之外，成爲宇宙間多元生命動力的生滅聚散。舞者的「青春」成爲殘酷地逼視生死的鏡面，當人冷不防地意識到死亡禁忌時，感到顫慄、無常又蓄勢待發。只是一切都匆匆太匆匆了，作爲觀賞者的我，接收了這麼複雜多樣的舞蹈意象時，「多」到已經逼近飽漲溢出的疲累了。（圖5）

圖5、《聽花人》〈道聽〉，蘭陽舞蹈團提供

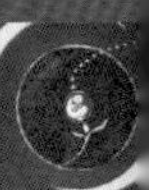

第五座橋：到底是誰→如是我聞→完全

聽花人一手拿花，一手拖行李箱，遇見一位老婆婆，問她的名字，但一開始對話，竟然雞同鴨講，老婆婆問了，卻又完全不理對方的回答。妳是誰？我又是誰？誰知道現在幾點鐘？聽花人面對無法溝通的對方，乾脆把花送給老婆婆，離開了。老婆婆抱怨女孩沒禮貌，把花插在髮髻上，退場。

接下來的〈如是我聞〉實在是一段高難度的舞蹈語言。舞者企圖表現「如處子般含羞開放，在天籟中，花已開成，香氣由他們的內在最深處溢出。」（註30）這麼舉重若輕、詩一般的意境，挑戰了編舞團隊對於肢體語言與舞者功力的極限。如前文所提及，這種透過肢體動作、透過感官經驗，去想像形而上的天人合一意境，一直是台灣不少成年人舞蹈劇場（例如雲門舞集和無垢舞蹈劇場）追求小宇宙與形上大宇宙肢體律動與氣韻生動的美學表現。但由於難度甚高，所以往往表演者流於造作，表現傑出者並不多見。〈如是我聞〉也還只是在肢體呈現的外圍打轉，無法展現編舞團隊「如花的羽翼飛翔飄舞，在生命的旅行中對話，享受自由，嗅聞生命核心」。畢竟「生命只是一捧清澈的水，無法評論」（註31）。

儘管現場無法企及編舞團隊所期待〈如是我聞〉的清澈恬靜，反而帶有終於要結束了的疲態。就在這時，舞台上出現了宛若戒嚴時期官方國慶晚會的情景。擔任主持人的舞者或許沒弄清楚要演出正經八百或是嬉笑怒罵，所以有點正經、有點緊張。究竟是怎麼回事呢？向來「優雅莊嚴的秩序感」與「笑鬧逗樂的雜亂感」是區分中產階級藝文活動與普羅大眾流行口味的指標，導演陳明才跟編劇游源鏗，到這最後一幕乾脆幫大家掀底牌、自己顛覆了自己。把一整場壓抑在逆向操作的場面調度，化暗為明地發洩出來，讓觀眾在莫名其妙的迷霧中結束。

謝幕前穿制服的合唱團、故作莊嚴又帶點誇張地以美聲唱法的台

圖6、《聽花人》〈無盡搖籃〉，蘭陽舞蹈團提供

話唱著〈完全〉，「青春嘸知到叨一時 腳步 嘸知卜踏向叨位去」（註32），誰的青春呢？彷彿追憶著一九八零年代後期剛解嚴時少年得志的陳明才跟游源鏗，在民意代表選舉的政見發表會上搞笑反諷、莊嚴地獻唱歪歌的行動劇身影（註33）。可惜歲月反差的藝術靈光對失憶健忘的世代而言，戲仿的本尊早已被遺忘殆盡，以致戲仿變成形式上的搞怪，失去和「曾經存在過」的現實之間，透過對比的連結，來揭露反差的張力。這段對戒嚴時期記憶的戲仿，或許由於演出者過於生澀，而讓戲仿的手法顯得曖昧。以致於要不是觀眾因爲心態上和戒嚴文化距離太近了，根本還察覺不出戲仿手法轉換上的創意；要不然就是心態上距離太遠，完全找不到連結線索，以致於觀者感到有點空洞彆扭、不知所云。有意識的矯飾戲仿所產生的批判與創意，和扭曲眞實所呈現的矯飾抄襲，竟然因爲無法再涉及歷史記憶的怵目驚心，而同時變成如此不眞而空洞。

至於剛才整場苦心佈署的以假「反」假、在沈緩清明與曖昧迷惘中的追尋之旅，和現在最後收尾的胡搞，衝撞在一起，究竟誰眞誰假呢？那位貫穿全劇的串場人聽花人在謝幕前用拍立得拍下觀眾、舞者，也拍下這場結尾的熱鬧盛會。最末尾這段〈完全〉在2007年的演出裡已經全遭刪除。可不是嘛？誰還在意剛剛經歷的這麼一場意象晦暗不明、又充滿矯飾舞風的「流浪」（註34）呢？

未竟之志

以「民族舞蹈」來反「民族舞蹈」

這場《聽花人》作爲不同價值觀或意識型態的交鋒過程，編舞團隊企圖讓蘭陽舞蹈團原先制式化、矯飾的「民族舞蹈」動作，變身爲解構此樣版肢體語言的武器。透過顛覆自身，來照見矯飾的整齊、健康的風格底下的血肉。另一方面，其實還帶有對於過去戒嚴時期的歷史記憶透過嘲諷與戲仿的手法來重溫與再創造。

但是舞台上以「民族舞蹈」來反「民族舞蹈」的表現手法，並不是編舞團隊自己來完成，而是透過少女舞者的肢體表現。舞者們在轉化這兩種不同的舞蹈風格時，卻也拼裝出舞者自身在轉化過程所出現的第三種「變貌」。讓舞蹈風格多加了混亂、生澀、青春、無厘頭等「額外」的表現風格。編舞團隊低估了蘭陽舞蹈團原先「矯飾」風格對於舞者們的影響力。

蘭陽舞蹈團的矯飾與樣版的民族舞蹈風格的歷史包袱既是宗教立場的、階級的，也帶有政治意識型態的。基督宗教傳到台灣來之後，不管是天主教或新教已經從第一代大多數經濟力薄弱的信徒，轉變成以中產階級爲主的宗教團體，對於帶有歐洲宗教文化的藝術表現的認同，往往勝過對台灣本地傳統「異教」的認同。由於秘克琳所帶領的蘭陽舞蹈團，以「中國民族舞蹈」的形象，在一些國外天主教地區受到重視，對這個普遍需要國際肯定，才能自我肯定的國家而言，讓子女參加蘭陽的舞蹈訓練，的確能滿足揚名國際的虛榮感。

另一方面，民族舞蹈長期以來，一直以來是國中小學重要的全國性才藝競賽的項目，制式化的編舞模式和舞者肢體訓練，讓民族舞蹈失去作爲反映宗教信仰、大自然環境、政治權力與經濟力形塑下的生命肌理。民族舞蹈從宇宙力量透過肉身的彰顯，以及帶有民族主義、個人主義、不同意識型態與價值觀交鋒交融的能量場，早已淪落爲保守、自我設限的舞蹈規訓，離追求舞蹈創造力的藝術精神越來越遠了。《聽花人》編舞團隊所追求的帶有挑戰中產階級與天主教意識型態的虛無主義、無政府主義、無產階級式的舞蹈劇場美學，並不符合一個向來採取道德教化、樣版歡樂路線的舞團價值觀。

這次從大團圓結局轉向無盡流浪的舞蹈主軸，在蘭陽舞蹈團自身的美學變貌上可謂前所未有。可惜這次《聽花人》編舞團隊所掀起的革命並沒有引起應有的注意。即使首演五年後第二度在台北的演出也被完全忽略。被台灣藝文界冷落漠視的原因複雜，來自舞團自身或者來自大環境因素皆有之。就大環境因素，以錦上添花爲主的媒體與評論圈的心態，對這支地緣上弱勢、老字號、樣版的民族舞團的印象根深蒂固，沒有報導的意願。這樣的結果導致因爲沒有宣傳上的動員，無法吸引新觀眾群。反而新的表現風格受到老觀眾的排斥，這是創作者突破原先風格時必經的兩頭落空的冒險代價。在媒體主宰知識來源的時代，在電子與平面媒體曝光率的多寡，決定了看戲人數的多寡。

媒體報導的生態經常是：以台北都會新聞排擠了其他地方新聞，以政治與社會新聞排擠藝文新聞。即使報導資訊頻繁的台北都會，表演消息播出機會的競爭也非常激烈。沒有超級國際名牌誘因、沒有腥羶八卦消息炒作、沒有媒體高層人脈的背書護航，哪引得起重口味的台北都會媒體和文化評論者的青睞，即使果眞有報導或專稿也不見得能上版面。這些因素環環相扣，沒有媒體的曝光，再好的表演活動在今日資訊爆炸、被媒體宰制的社會，只能靠少數人脈口耳相傳，杯水車薪。

就蘭陽舞蹈團自身因素而言，《聽花人》何以一反過去蘭陽的全台巡迴、甚至出國演出的作風，2002年首演只在宜蘭演出，原因也頗複雜。就可見的物質條件而言，或許因爲《聽花人》動用的人力、物力太驚人，二十多位舞者、數十位國樂團伴奏團員、十多位合唱團歌手、十二面大鑼…，加上經費的拮据，以致蘭陽舞蹈團無法移師到宜蘭以外的地方演出（註35）。對於向來以演出次數的曝光數量取勝、和透過國際演出來搏版面造勢的台灣媒體文化，只有在「邊陲」區域演出幾場的表演活動，輕易略過早就稀鬆平常。

《聽花人》美學的自我分裂

更深一點的理由，或許《聽花人》編舞團隊在這場美學交鋒奮力一搏的戰場上，傳達出來的意象過於多重、迂迴、隱晦、甚至混亂、自我矛盾，以致於看過的看不出它繁複意象裡的生命迷藏，更看不出以逆向操作來顛覆蘭陽慣有的溫馨樂觀舞風的魅力…。這些美學變貌的實驗特色，令一向依賴親子同樂的蘭陽舞蹈團主事者難能理解，一般蘭陽舞蹈團的支持者也難以接受，更不是台灣一般花錢炒作短線文化業績的官方單位相挺的口味（註36）。

或許，對編劇游源鏗、導演陳明才、編舞黃玉茜等工作團隊的成員而言，他們在舞蹈中完成自我洗滌、自我探索、自我解嘲與自我超越的唐吉軻德之旅。他們內在難以排解對於個人、對於時代的迷惘、躁動與不滿，在這場大型舞劇莊嚴隆重的豪賭中，成爲一種舉重若輕、自我踰越的憂鬱幽默。

2002年首演場最後，舞者們一本正經、宛若戒嚴時期文藝青年大合唱與舞團民俗雜耍團式的翻滾，把整齣戲從最澄澈寧靜的意境推向荒謬、眾聲喧嘩，戲仿台灣喜喪慶典無厘頭、大雜燴式的鬧劇結束。這不正是一種對我們曾在戒嚴時期創造出來的矯飾「民族舞蹈」真面目的捕捉嗎？既不是遙不可及的懷舊式古典樣版舞蹈，也不是充滿造作的異國情調邊疆舞蹈，而是曾經在這塊土地上存在超過三、四十年的文化症狀。

只不過這些歷史記憶，除了因爲政治意識型態之故被投機地操弄之外，都將繼續在個人精神狀態的壓抑與集體失憶的逃避心態中隱藏與遺棄了。**《聽花人》的編舞團隊，因爲對於矯飾完美秩序的反動，以及混亂與矛盾風格的耽溺，讓這齣挑戰民族舞蹈的美學變貌事件功虧一簣，**

最後甚至連苦心創造出來的混亂與迷惘的美學意境，竟諷刺地回過來變成被指責爲失敗或不完美的罪證。

或許，我應該說編舞團隊這樣的美學意境實在太投入了，以致於分不清眞假，分不清「矛盾」與「自我分裂」是藝術意境，還是在現場演出時力有未逮的症候。編舞團隊似乎耽溺於戲仿那無法戲仿、無法完成、不可知的「大音稀聲」，以及沈浸於對生死奧秘的迷藏，甚至包括藝術作品自身的創造與毀滅都賭進去了（註37）。基於對這種在目前台灣社會罕見的既憂鬱又幽默、舉重若輕、又自我分裂的舞蹈美學的驚鴻一瞥，在《聽花人》即將被滔滔洶湧的台灣量化與名牌化的藝術論述完全遺忘、淹沒消逝之前；**在下次《聽花人》還不知是否起死回生的契機之前，請容我暫且借下一點點文字的靈光，在其中流浪吧，流浪於舞劇中的生死，也流浪於這齣舞劇自身在台灣美學變貌的歷史中的生死。**

本文的完成感謝：游源鏗先生、秘克琳神父、蘭陽舞蹈團主任張美雪、《聽花人》編舞黃玉茜小姐、古琴演奏家游麗玉小姐、陳明才好友林靖傑先生、妻子逗小花小姐、影像資料協助者陳曉東先生、陳明才創作伙伴李俊陽先生、鍾明德教授、游惠貞小姐在資料蒐集上的協助，以及楊蟬萍小姐、林欣潔小姐、白翔君小姐、王貞宜小姐在資料整理上的協助。

附錄

以下表格是2002年和2007年《聽花人》舞劇節目冊中各段落結構的文字描述（註38）：

2002年

段落名稱	內容描述
第一座橋	迷宮中，有一群不斷旅行的老鼠。
天人	黑暗中，洪荒的混沌運行，逐漸孕育出最初的心跳，探求自己的土壤溫度。如頑石聽經一般，企求從泥土中站起，找到蠕蠕的人形，在今昔的記憶與失憶間擺盪，聽見花的倒影。
花雨	祈求第一道光線穿越自己的雙眼與心胸，禱祝中，花雨繽紛而下，黑夜中，傳來生命的聲音。
第二座橋	請問前路在哪裡？
方舟	在縴夫的牽引下，方舟在浮沉間進退，生命的臍帶糾葛牽連。
第三座橋	告訴我，到底是什麼時候？
模造	成爲自己是艱困的，無情的命運機器大量模造我們，複製成整批的歡樂。
第四座橋	你聽到了嗎？我最大聲而隱密的生命。
交戰	在交戰中品嚐生命的實際距離。
道聽	關於生命的謠言在傳播中成爲眞理，變種的病毒在傳遞間不斷地演化。

無盡搖籃	不斷行進的行列，生命在明暗之間擺渡，萬花筒中，生命的色彩來回閃爍，濯洗污濁的身心。
第五座橋	到底是誰？
如是我聞	如處子般含羞開放，在天籟中，花已開成，香氣由他們的內在最深處溢出。如花的羽翼飛翔飄舞，在生命的旅行中對話，享受自由，嗅聞生命核心。生命只是一捧清澈的水，無法評論。
完全	世上沒有永遠的美好與黑暗。有時候，完了就全了，有時候，全了就完了。

2007年（註39）

各幕名稱	內容描述
過場一	一群旅者過場，手中旅行箱或提或拉。
天人	黑暗中，洪荒的混沌運行，逐漸孕育出最初的心跳。心如行星轉動、直到破繭而成雛幼的初體，在初臨的世界盲尋，探求自己的土壤溫度。如頑石聽經一般，企求從泥土中站起，找到蠕蠕的人形，在天地母性的呵護下，他們舞動成長，在今昔的記憶與失憶間擺盪，聽見花的倒影。稚童的好奇，喜悅地四下摸索可愛的生命，直到他們意識到自己已經存在。
花雨	他們四處尋找，祈求第一道光線穿越自己的雙眼與心胸，禱祝中，花雨繽紛而下，他們盡情享受生命的探索接觸，並互相發現。黑暗中，傳來生命的聲音。

過場二	一名流浪漢向賣花人問路
方舟	載浮載沈的海中，在縴夫的牽引下，方舟也在浮沉間進退，生命的臍帶糾葛牽連。
過場三	一群講手機的人，都在問關於時間的問題
模造	成爲自己是艱困的，他們在無情的命運機器中被大量模造，複製成整批的歡樂。
過場四	國台語雙聲的生命告白
交戰	他們永遠在交戰中品嚐生命的實際距離。
道聽	生命的謠言在傳播中成爲眞理，變種的病毒在傳遞間不斷地演化。
過場五	流浪漢與老太婆關於身份的對話
無盡搖籃	不斷行進的行列，生命在明暗之間擺渡，萬花筒中，生命的色彩來回閃爍，濯洗污濁的身心。
如是我聞	他們如處子般含羞開放，在天籟中，花已開成，香氣由他們的內在最深處溢出。如花的羽翼飛翔飄舞，他們也在生命的旅行中對話，享受自由，嗅聞眞正的生命核心。生命只是一捧清澈的水，無法評。
完全	世上沒有永遠的美好與黑暗。有時候，完了就全了，有時候，全了就完了。

＊本章注釋

1. 本文曾發表於《真理大學人文學報》第七期（2009.04），頁1—25。
2. 關於當時一九五零年代對於民族舞蹈的官方說法，詳見李天民、余國芳著，《台灣舞蹈史》（上）（台北：大卷文化，2005）、第八、九章。
3. 這齣舞劇在2007年二度演出的內容有所修改，分段結構的文字簡述和2002年類似，參見附錄的段落簡介。
4. 黃照明，《戰後台灣天主教的本土化－以蘭陽舞蹈團為例》，臺灣大學歷史學研究所碩士論文（2003），第三章。以下簡稱《戰後台灣天主教的本土化》。
5. 中國主教團秘書處，《梵諦岡第二屆大公會議文獻》（台北：中國主教團秘書處，1987），第二章推動文化進展的適當措施，頁272。
6. 在《梵諦岡第二屆大公會議文獻》第四章政治團體的生活（頁292—298），譴責了濫用政權者，認為權威應為公益服務，政治權力應該尊重人的基本權利。假如政府擅自越權、欺壓國民，國民有權維護自身及其他國民的權利，不過應尊重自然律和福音原則所畫定的界線基於人們基本權利的要求，在政治事件上，教會亦發表其判斷。詳見梁錦文，〈民主與權威—天主教政治社群觀念之分析〉，《神學論集》，第147期（2006.04），頁81—84。
7. 詳見尉天驄主編《鄉土文學討論集》（台北：尉天驄自印，1978）。
8. 楊澤主編，《狂飆八〇——記錄一個集體發聲的時代》（台北：時報，1999）。鍾明德，《臺灣小劇場運動史：尋找另類美學與政治》（台北：揚智，1999）。
9. 我在2007年01月29日上午到宜蘭蘭陽舞蹈團對秘克琳神父的訪談。
10. 《戰後台灣天主教的本土化》，69—70；陳賡堯，《文化・宜蘭・游錫堃》（台北：遠流，1998），頁370；我在2007年01月29日對秘克琳神父的訪談。李潼，〈把握當下懷念永恆～蘭陽舞蹈團舞劇《噶瑪蘭公主》〉收錄於《噶瑪蘭公主》DVD文字解說；根據我在2006年08月19日晚上，在台北城市舞台所觀賞的蘭陽舞蹈團「蘭陽四十・精華再現」演出舞碼。
11. 《戰後台灣天主教的本土化》第四章蘭陽舞蹈團的本土化，我在2007年01月29日對秘克琳神父的訪談。一九九一年秘克琳帶領蘭陽舞蹈團參與國際民俗節慶與民俗藝術協會(International Council of Organizations for Folklore Festivals and Folk Art)「國際民俗舞蹈競賽」時，遭遇到來自「中華文化」真槍實彈的挑戰——中華人民共和國的舞蹈團。
12. 例如林美虹在一九九五年以礁溪弄獅陣頭所改編的現代獅舞，《文化・宜蘭・游錫堃》，頁370—371。黃玉茜以宜蘭頭城中元普渡為主題的《搶孤》，以及一九九九年結合蘭陽平原與龜山島地形氣候與當地神話傳說的大型舞劇《噶瑪蘭公主》。
13. 根據我在2006年8月21日和2007年01月29日在宜蘭五結利澤簡對游源鏗的訪問。
14. 陳明才，〈關於女妖綜藝團的表演訓練〉未出版手稿編號109—01，1999。
15. 根據我2005年和2006年期間分別對陳明才大學同窗好友張皓期、以及他的創作伙伴：電影導演林靖傑、攝影家陳少維、藝術家李俊陽的訪談，以及2006年8月21日和2007年01月29日對游源鏗的訪談後的彙整與詮釋。

16. 根據2006年08月21日對游源鏗的訪問。

17. 從以下的這些簡短的地方版報導，可見一斑。廖雅欣，〈蘭陽舞蹈團 演出「聽花人」 是齣大鑼音樂舞劇 結合國樂、西樂等多種元素〉，《聯合報》2001年8月14日17版，宜蘭新聞；趙靜瑜，〈十二面大鑼結合古琴不同凡響 蘭陽舞團《聽花人》賞新意〉，《自由電子新聞網》2002年2月27日，生活藝術版。廖雅欣，〈蘭陽舞蹈團聽花人 如夢似幻〉，《聯合報》2002年3月1日17版，宜蘭新聞。

18. 羅徹特曾在1985—1999年在台灣擔任音樂系教職與交響樂團指揮，蘭陽舞蹈團《噶瑪蘭公主》的作曲者。

19. 羅徹特寫在《聽花人——大鑼舞蹈劇場》2002年節目冊的看法。

20. 關於本舞劇兩次演出的整體結構內容，請看本章附錄。

21. 陳明才，《聽花人》排練筆記（未出版，2001—2002），頁11。

22. 《聽花人》排練筆記，頁22。

23. 依據2006年9月4日和聽花人編舞者黃玉茜的訪談。

24. 詳見本書〈非緩之緩，非空之空—無垢舞蹈劇場的美學身影〉。

25. 2002年由女舞者擔任，2007年由男舞者擔任，這男舞者是舞劇中唯一的男舞者，擔任首席舞者。兩者都具有雌雄同體的意象。

26. 戴潛水蛙鏡、穿蛙鞋在陸地上行走的意象，第一次出現在林靖傑和許綺鶯導演的紀錄片《我的綠島》（2000年）裡，被記錄人陳明才戴潛水蛙鏡、穿蛙鞋在陸地上行走，第二次出現在《聽花人》舞劇（2002，2007），第三次出現在林靖傑導演紀念陳明才所拍攝的劇情片《最遙遠的距離》（2007），由賈孝國所飾演的心理醫生阿才，戴潛水蛙鏡、穿蛙鞋在海邊的道路上行走。

27. 依據2006年9月4日和《聽花人》編舞者黃玉茜的訪談。

28. 同上。

29. 2007年《聽花人》演出節目單〈道聽〉文字簡介。

30. 詳見《聽花人》2002年節目冊。

31. 同上。

32. 歌詞詳見《聽花人》2002年節目冊。

33. 根據2006年8月21日和2007年01月29日對游源鏗的訪談，以及我在2005年夏天與2006年夏天對張皓期的訪談。相關報導參見張必瑜，〈貼近本土文化 不完全走政治劇場路線—— 蕃薯文化工作隊定月底成軍！〉，1989—09—01/《聯合報》/28版。

34. 《聽花人》2002年節目冊首頁：「生命在幽谷中尋找自己的影子 心跳徘徊於有無之間 活著並非定居 流浪是一種責任 真正的生命不從墳墓中逝去 祂悄悄地在明暗之間呼吸。」

35. 根據根據2007年01月29日對蘭陽舞蹈團張美雪主任的訪談。2007年已經縮減演出團隊，將現場樂隊歌隊的演出，改成錄音形式。

36. 唯一一篇針對蘭陽舞蹈團《聽花人》的介紹性評論是江冠明所寫〈探問台灣生命的鑼響花舞〉《新

台灣新聞》第311期（2002.03.08）頁85—87。

37. 宛若戒嚴時期文藝青年康樂隊式的美聲大合唱與民俗雜耍團的翻滾的段落在2007年的演出中已被修改，文藝青年康樂隊式的美聲大合唱僅以錄音形式出現，至於宛若國慶晚會的主持人說詞一段在2007年的演出時已刪除。

38. 《聽花人——大鑼舞蹈劇場》節目冊，引自游源鏗，〈混亂的人生・清楚的夢〉完整稿，頁3

39. 引自2007年節目單，和2002年節目冊文字不同之處，以標楷體標出。

非緩之緩，非空之空

——無垢舞蹈劇場的美學身影

她的恐怖不是來自一般的武力支配，而是來自她對於所奉行信念的徹底貫徹，這樣貫徹的意志，從她生命的每一個和人接觸的細節裡流露出來，正如林麗珍經常說的：把一個簡單的動作，做到極致時，就會產生令人意想不到的力量。這樣知行合一的人，在目前社會裡，已經是瀕臨絕種的動物了。這種發自內心的意志貫徹，讓我這種不喜歡服從上下尊卑秩序的人，遇到她時，產生很大的衝突與啓發，如果「我」有「複數」的話，那麼其中有一個「我」已經被她的童話金鵝般的魔力黏住，但另一個我則快步逃離。原先以為是被林麗珍的劇場作品吸引，但後來認識這個人之後發現，即使是平常去找她聊天、看簡短的舞團排練，都像進入另一種看似緩卻密度極高的時空體驗。

看林麗珍《醮》、《花神祭》、《觀》，這三齣舞作完整演出的機會，像可遇而不可求的慶典。慶典之所以珍貴，因為將平時所渴望、所欠缺的、準備的，在短短的一兩小時中，像中元普度的儀式一般，獲得前所未有的「當下」、對於同質僵化的時空質感的打通，彷彿參與一整個世界從開始←→變化←→終結←→回到最初神話開端。這整個過程，在你我面前演過一遍，你我的靈魂參與其中，而非置身事外。只是，觀眾有時還沒有這樣的預備，往往擦身而過，或者事後在追憶中，重新找尋已經不在當下、卻在記憶和想像中，重新創造的美感。生命不只是慶典，沒有參與其中的慶典，即使不斷地在身邊發生，也只是外在的熱鬧、豐盈與瘋狂。生命因為有慶典的深入，像深入心靈地窖深層的火光，照耀出生命的內外、明暗、引動生機。另一方面，慶典也因為有日常生活肌理的烘托，而顯現出「至大無外，至小無內」的生命鳥瞰與同遊，生命的渴望、救贖，上昇、下降與超越，可以在短暫的慶典時空中，剎那即是永恆。

非緩之緩，非空之空
一無垢舞蹈劇場的美學身影（註1）

美學光譜的戰場（註2）

「主體性」的認同歧路

追求「主體性」是台灣社會在解嚴後，藝術創作者不管是在政治或是文化認同層面上的表現主軸，由於藝術表現與台灣社會所呈現的「主體性」各有不同的美學光譜，所以以下所有的闡述，都僅以和無垢舞蹈劇場（以下簡稱「無垢」）相關的現代劇場現象作爲探討的範圍。

先就表現形式而言，我們可以從兩方面來看：**一方面**台灣現代表演藝術隨著社會結構的變遷，不再跟隨傳統劇場以農業社會的世界觀爲主的表演模式，也不再以民間與官方宗教慶典、喜喪習俗、以及有錢有勢階級的休閒娛樂，作爲主要的表演來源。現代舞蹈劇場透過學校教育與專業舞團的訓練，轉變成大都市裡（主要集中在首都台北）文化產業的一環（註3）。透過官方或私人贊助，以及售票的商業形式，被現代資本社會的經濟生產模式所吸納，發展成當代都會文化創意產業。

另一方面，台灣現代劇場具有社會運動的解放被壓迫者、與被剝削者的理想色彩，批判社會、關注現代人內在心性的追尋（註4）。藝術創作一直在面對社會現實的使用價值要求下，尋找自身無法被輕易交換成現實利益的存在價值。

除了表現形式與演出目的和傳統藝術不同之外，在美學意境的差異上，台灣現代劇場受到西方現代劇場精神的影響，反抗過去傳統劇場美

學的框架，包括透過表演題材與表演形式上的轉變，以彰顯個體獨立與解放的自由意志（註5）。自一九八零年代後期解嚴前後迄今，各種歐美強勢文化的學說思潮隨著資訊傳播管道的流通與加速，以及自歐美學成返台任教的學院人士倍增，在解嚴之後官方對思想相對開放的社會氛圍下，這些像量販店一般的各類高低檔「知識產品」大量湧入，提供在戒嚴時期思想貧困與僵化的台灣社會，百花齊放的思想熱力。台灣一九九零年代蓬勃發展的各項現代藝術所展現的美學歧路，也正是台灣社會受到不同外來與內部價值體系衝擊角力的寫照（註6）。

現代劇場「反抗既有的價值體系，以彰顯個體獨立的自由意志」的主張，可以粗略地分成**內部因素**與**外來因素**兩方面。對台灣**內部因素**而言，一九九零年代以來所追求的「主體性」，主要可分為「族群」和「政治」的「主體性」議題。**「族群」面的主體性議題**，所追求的是台灣閩南人/客家人/新移民（來台灣的中國大陸外省族群和最近新移民的外國配偶）/原住民，如何建構各自族群記憶與自我認同的藝術創作，以對抗過去長達四、五十年以官方所塑造的樣版外省「國語」族群為主的集體認同（註7）。在**「政治」面的主體性議題上**，則透過對於歷史記憶的再詮釋，重新思索國家定位與認同的議題，如何建構被過去以「一個」樣版中華民國的整體化，所忽略的國族歷史記憶的論述。

就**外來因素**而言，台灣現代劇場的「都會」性格，和台灣所受到的外來文化因素關係密切。聚集在台北都會的知識菁英是台灣最「西化」的階層，而知識菁英所主導的現代劇場，核心議題就在於如何透過對現代西方思潮的接收與消化，得以從被壓迫的傳統威權文化中解放出來。這裡牽涉到兩重的傳統v.s.現代（西化）的價值觀（註8）。

第一重是如何透過以西方現代社會所標榜的獨立自主精神，來對抗台灣傳統家父長價值體系裡的父權、男尊女卑、犧牲個人去對血緣團體盡孝、對非血緣共同體（國家）效忠的集體主義（相對於個人主義）。這種獨立自主的現代西化思潮，主要表現在「反」傳統權威、「反」基督宗教、「反」一神信仰，以「無神論」為主的現代思潮。「反」傳統威權，關心個人存在處境對抗威權時所面臨的矛盾與荒謬；「反」傳統威權也同時脫離農業社會有機體的、超自然力量的宇宙觀，轉為以認同現代工商社會裡以科學（客觀、數字和操控）（註9）為主的知識體系，以及資本主義的經濟消費社會運作。

第二重的傳統v.s.現代（西化）則分為兩種相關但不相同的路線：一條追求「整體化」的混沌（空無、虛靜），另一邊則是以「斷裂」（註10）、「拼貼」的「意義不確定性」與「不可表現的表現性」（註11）。這部份因為比較複雜，請容我在接下來的小節進一步闡述。

「整體化」的混沌與「拼貼」的意義不確定性

「整體化」在此是指相對於拼貼的意義分歧或斷裂的風格，這種受到台灣既有的傳統佛教、道教、與民間信仰的哲思（玄學）色彩影響的藝術表現，結合一九九零年代過後在台灣越來越明顯的外來靈性復興運動的風潮。一九六零年代之後的「西方」歐美強國，隨著基督宗教信仰的衰微，以及和非基督宗教國家的互動越來越密切，開始嚮往非基督宗教文明之外的多宗教的世界觀與靈性的探索，對於古老文明（如亞洲、美洲印地安、非洲、歐洲更古老的前基督宗教時期的地方信仰…）有深入認識的意願。透過對於集體潛意識、古老神話與象徵體系的探索與體悟，來揭開未知世界所隱藏的無限性，尋找跳脫當代消費社會意識型態之外的創作表現（註12）。

這樣「整體化」的價值觀，不同於上述第一層把傳統價值只是當成威權、必須要推翻的對象；也不同於那些把大自然從萬物有靈、有機體的信仰中脫離、變成人類利用的資源供應站。第二層的「整體化」思維主要在於：**把「個人」價值與「集體」認同（家族、國族、大自然、天地宇宙、道）的二元對立衝突轉移，跳脫具體的歷史社會脈絡，以更大的「整體化」混沌（空無）來取代**。這種「整體化」的追求並非回到過

去單一中心式的認同，而是關注如何「多中求和」，把「個人」與「集體」在更抽象、更形上的認同感當中重新結合，成爲有別於傳統宗教藝術的新時代「身—心—靈」美學風格（註13）。

另一邊的美學表現所指的「拼貼斷裂」風格，則來自台灣在一九八零年代末期起，快速地在台灣藝術創作界佔重要影響的「後現代」思潮（註14）。「後現代」的出現，在歐美社會雖然貌似對於「現代」美學玩很久的「反」與「破」，但也像在「現代」思潮裡另起爐灶，因爲「後現代」風格並不再走「現代」那種和傳統藝術規則採「二元對立」的批判思維。一九七零年代過後在歐美藝術界越來越明顯的「後現代」藝術風潮，則企圖打破現代藝術的各項藝術類型、表現形式與階級文化的分類，不追求自身美學的一致性與完整性，而是透過拼貼不同媒介與素材，讓意義的指涉一直處於不確定狀態，不讓自己變成過去所定義下的藝術類型（註15）。

這樣的藝術風潮在一九八零年代陸續傳進台灣，對台灣藝術界產生重大的影響（註16）。台灣的創作者們**同時地**接收了外來各式各樣的古典、現代、後現代思潮，這些或者相關或者自成一格的思想體系，卻以量販式、大雜燴式的「拼貼」方式，擠進了台灣一般社會菁英的知識版圖。在標榜「後現代」藝術媒材任意跨界、意義「不確定」的「拼貼」風格（「去中心化」、「去整體化」）影響下，台灣知識菁英們還「來不及」深究「去」怎樣的「中心」、「去」怎樣的「整體」，就展開或者認眞改造、或者囫圇呑棗地，各取所需、現買現賣。大家各顯身手地，恨不能將台灣這幾十年來因爲政治「戒嚴」時期所導致的國際觀自閉、思想貧困與對自身文化失憶或營養不良的症狀，在短時間內一口氣吃下十全大補湯，想全都補回來。

「本土化」的解放與焦慮

除了上述的兩種帶有「國際化」輸入的藝術風潮之外，還有相對於「國際化」風潮的「本土化」。一九九零年代後期以來政府大推「本土化」（註17），讓創作者們似乎左右逢源，一方面迅速地吸納大量進口的外來思潮，另一方面也急於和因失憶而陌生的台灣，從過去到現在的歷史記憶一起喚醒，汲取屬於自己的「在地」特色。當創作者急於表現如何「解放」被「威權」所宰制的價值觀時，我們反而可以從這些藝術作品的風格趨勢上，看到創作者如何面對各種意識型態競爭下的立場抉擇，這也成爲台灣當前藝術表現不斷在意義無以名狀的「拼貼」風格中，摸索台灣自身的「時代」特色。

歐美經濟大國的藝術創作，因爲和該國社會原先的「整體性」支配秩序的決裂，而產生所謂「拼貼」、「反敘事」、「多重敘事」、「後設」…等等「去整體化」與「去中心化」的表現形式。在台灣卻因緣際會地，正好這些變成「共時性」、失去脈絡縱身、一直「量販式」進口的理論精品，成全了台灣藝術創作者，面臨創作飢渴時的飢不擇食與多多益善。反映了台灣在多種意識型態競爭下，所產生的集體暴飲暴食症候。

從單一威權秩序中解放後的發洩，因爲對立衝突所激盪出來的創意，唯恐抓的不夠多的沒安全感、以及發洩過度之後的散亂脫序。「拼貼」美學固然讓台灣藝術創作進入前所未有的多樣性，但是「拼貼」美學的浮濫，也正好反映了台灣社會與藝術創作者，同時面對多方壓寶、多元中心的投機心態，以及無所適從、包山包海的嚐鮮亢奮與認同焦慮（註18）。

現代西方知識體系把個人的生命從傳統中醫的知識體系、家族命運共同體、宗教信仰的宇宙觀抽離，成爲科技認知模式所操控的身體。但是，人面對生死禍福的不確定性，卻無法在財富權力得失與現代科學知識體系中獲得滿足。精神如何自足、飽滿或逍遙？飽滿後的過度自我膨脹，亢龍有悔，或者淪爲失去依賴的權威（或失去生命中心）之後的虛無、頹廢、自我放逐。既無法滿足於過去社會結構下的精神寄託，也還

無法找到當前社會變遷下的心靈安頓。這是上述「整體化」思維再度興起的原因之一。

對於「傳統」價值體系以及更古老的文化傳統的摧毀或吸納，還涉及到台灣文化裡更複雜的實況脈絡。傳統文化儘管和威權社會屬於同一個文化體系，但是，台灣閩南、客家、原住民族群的傳統文化，卻在以「外省族群」爲主的國民黨政權意識型態長期打壓之下，在一九五零年代到八零年代末的戒嚴時期裡，逐漸沒落而失去該族群自身的文化生命力。對於藝術創作者而言，這些被打壓的傳統文化既是帶有父權意識型態的包袱，卻也是自身歷史記憶的根源與資產；既是「壓抑」的來源，也是「解放」的來源（註19）。

這些不同價值觀的衝突，呈現出不再只有「一種」整體，不再只有「一種」史觀與世界觀。更重要的是，藝術家們發現他們的舞台不只是在台灣，還包括國際表演藝術市場的版圖。而後者，很諷刺地，是台灣這個需要靠外來強勢文化肯定的島國，最重要的「黃袍加身」所在。不少藝術家和表演團體就這樣從國外「紅」回來，例如雲門舞集、漢唐樂府、無垢舞蹈劇場、當代傳奇劇場…等等（註20），正是透過這樣逆向的外在藝術強權的加持，讓台灣的觀眾反而得以重新欣賞到，這些從華人傳統脫胎換骨的美學表現。

尋找「東方」的身體觀

一九九零年代後期的台灣，電視「第四台」節目已經成爲一般民眾生活休閒娛樂的重心，看藝文表演的比例佔不到5%。以好萊塢爲主的電影產業與日本動漫、電玩遊戲，長期攻佔年輕世代的休閒娛樂；加上逐漸吸引年輕世代的網際網路，滿足了求知獵奇的便利性與惰性。推廣「平易近人」的通俗化劇場、企圖拉近城鄉距離的「藝術下鄉」，成爲當時重要的文化政策，動用公帑扶植的劇團，在保護政策的機制下，爲官方作量化的業績。但另一方面，民間劇團依然在官方不聞不問的「自由市場」競爭機制下，自生自滅、日益衰微（註21）。

創作者面臨雙重的現實考驗，一方面是上文所提及的如何打造出屬於自身的劇場美學特色，這樣的特色在國內面臨怎樣的「本土化」市場考驗，以及另一方面怎樣的「國際化」才能立足台灣、開拓國外演出版圖的自我定位。但所謂「本土」究竟是指怎樣的「本土」呢？回到舊慣習俗、民間宗教、農業社會的價值體系嗎？還是正視此時—此地正在發生變化的實況呢？如果是後者，那就包含工業與消費社會「加速」的生活步調、城鄉差距、族群衝突，和中國的政治張力、以及被強勢外來文化支配…等等因素影響下的藝術品味（註22）。

上述回到「整體化」的思維，也被視爲是尋找有別於西方之外的文化主體性。包含了回到傳統、回到起初、回到子宮母體、回到生命的根源…等，更根本的宇宙觀類型的轉變（註23）。這裡的身體觀包含了企圖擺脫以歐美強勢文化爲主的舞蹈身體訓練，積極吸收台灣所固有的傳統民間戲劇元素（車鼓陣、慶典儀式的元素、陣頭、北管…等等）、太極導引、禪修、進香行腳、傳統菁英的劇場元素（南管雅樂（註24）、崑曲）、日本舞踏與能劇、印度瑜珈與舞蹈、吉普賽式的流浪、原住民的祭典、藏傳佛教儀軌、中國少數民族舞蹈…等等（註25）。

這種被視爲重新「尋找東方」的潮流，並非只是回到台灣一般的民間或大眾文化的歷史實況，除了深入台灣「在地」的特色之外，還帶有更「統合式」、「整體化」的宗教意涵（漢人信仰、自然崇拜、萬物有靈）、追求形上的集體潛意識…等等，按照創作者的階級認同屬性，找尋和台灣民間與大眾文化、原住民文化、以及歐美主流之外的「非西方」文化之間，結合後再轉化的美學品味。（圖1）

尋找「東方」的身體觀，雖然追求「整體化」，也被「拼貼」的表現風格所吸納。不少以「拼貼」爲創作技巧，以意義的斷裂、分歧作爲美學特色的創作者，也將上述的這些不同宗教、族群、階級的文化元素加以挪用，拼裝不少「東方」與「在地」的身體元素。但也有不少藝

術創作者無力將之整合或不想整合，美其名「去中心」、「去整體」，卻無法找到融會貫通的自身風格，這樣的症狀是不少台灣現代劇場所面臨的挑戰。無垢舞蹈劇場從一九九零年代迄今所展演的三齣作品《醮》（1995年首演）、《花神祭》（2000年首演）、《觀》（2009年首演），對於上述的台灣美學戰場，在「整體化」的混沌、拼貼的無以名狀和本土化的潮流中，展現出自信而獨特的美學身影。

圖1、《醮》〈獻香〉，2006，金成財攝影，無垢舞蹈劇場提供

無垢舞蹈劇場的美學身影

上文所提到的「尋找東方身體觀」，在一九九零年代後期，也正是台灣政府企圖建立國際能見度的政治策略。不少評論者質疑官方所大力推動的亞維濃藝術節，是否只是反映出法國人慣有的「東方主義」獵奇心態、只想看到東方國家的異國情調（註26）。這樣的質疑到了2009年台灣世運會開幕式，摩托車隊的電音三太子和神將團表演時依然存在。究竟台灣的藝術創作者是否只是販賣祖先遺產、耽溺在傳統文化符號的操弄模式，以此討好「西方人」的「東方」想像？還是這背後已經有創作者們自身的美學觀點了（註27）？

無垢舞蹈劇場同時處身於「斷裂式」、「去中心」、「拼貼化」、「意義不確定性」的台灣「後現代」風潮，以及尋找「東方」、返回根源的「整體化」混沌的靈性復興氛圍裡。編舞家林麗珍透過現代科技精確的舞台配備，所塑造出來的劇場空間，重新創造了「自然」、「宇宙」、「混沌」、「時間感」與「空間感」…等等，不屬於目前資本主義與工業社會慣性下的儀式氛圍。這樣的儀式氛圍，讓我們進入了難以想像的、那「不可能的可能性」的美感驚奇。林麗珍並透過將漢人民間信仰、原住民神話、佛教與道教的哲思以及慶典元素，加以脫胎換骨，將「本土化」引進更「國際化」或者更「抽象化」的「東方想像」意境，彷彿喚起古老的、集體潛意識般的神話與「萬物有靈」的宇宙觀，讓觀者進入如夢似幻、簡單專注、默觀冥想的存在狀態。

非緩之緩，非空之空

「無垢」美學的不可能的可能性，首先是和現實的反差——這個現實是我們所處身的、正在被精神面與物質面雙重「加速」、「填滿」的生活處境。頂尖的藝術家同時帶有強烈的現實意識和現實的疏離感，以

及對自身作品絕對權力的幻想（註28）。「無垢」所關注的秩序感與劇場調度的變化，並沒有像一九八零年代後期的台灣現代劇場，明顯地對抗政治威權與傳統父權的意識型態。林麗珍所提出的美學「革命」，反而透過人最根本的存在狀態的改變，將生命最基本的肉身「時空感」徹底變形，讓觀者進入不同於日常感官經驗的異質性驚奇。**這種驚奇並非透過特定的歷史時間來展示，反而抹除了歷史時間，讓觀眾進入非歷史時間的想像，像進入祭典現場、像打開古老傳說那個關鍵性的神聖時刻(in illo tempore)**（註29）**，看似脫離現實，其實卻製造出對現實慣性最根本的斷裂——時空感的斷裂。**（圖2）

藝術不只在於對現實的模擬或仿效，藝術甚至就是現實的反面，或者對於現實的再創造。儀式劇場宛若神聖祭典的降臨，從庸碌生活中拉開的缺口，這個缺口之所以出現，來自人們對於越來越僵化的現實世界失去了生機，渴望跳脫生活的貧困，渴望和更原初的生命根源再度銜接。「無垢」創造了儀式般的神聖感，透過「無垢」舞者的意志、透過肉身所召喚出來的全力以赴的劇場表現，從最細微的生命存在(being)與變化(becoming)，提出儀式劇場與現實最根本的差異：

將一般慶典的肉身「快—滿」的「堆疊」與「量變」脫胎換骨，轉爲「緩而不絕」、「緩中現眞」、「眞虛莫辨」的「流轉」，讓祭典儀式裡最深沈的主角——「死亡」與「缺憾」，成爲劇場美學上源源不絕的創造力。

十多年來林麗珍這三齣劇場作品，從《醮》、《花神祭》到《觀》，把一般台灣祭典美學「滿」的存在感攤開來，鑽進去「滿」的內部。將「滿」轉爲「空」，將「快」、「來不及」的噴張與擴散，化爲「緩」的吸納、沈潛與凝聚。透過每一分一秒內動如不動、不動如動的場面調度，吐露了人性最難以滿足的缺憾——那種直視「再死一次」的無限無底，被時間所融化的快感、以及被時間所終結的缺憾。

圖2、《醮》〈遙想〉，2006，陳點墨攝影，無垢舞蹈劇場提供

「無垢」的舞作（甚至非正式演出的排練），從一開始到結束都是**「專注」與「切身性」的邀請**（甚至像命令），不僅是對舞者也對劇場的觀者。舞者和觀者都一起進入「第一人稱」的狀態，彷彿儀式執行者那般專注凝神，謝絕事不關己的閒逛。但另一方面，卻似乎進入完全相反的狀態，那就是「**睡**」。觀者或者無法體會到空緩意境而萌生睡意，或者被劇場氛圍所引導而放鬆，經過身體與精神雙重放鬆後的沈睡，然後進入意識無法前往的如夢似眞的時空裡，然後甦醒（註30）。

這樣的觀賞態度，既古老又前衛、既壓抑又解脫。一方面將觀眾帶入古老嚴格的宗教祭典般的莊嚴專注、耳提面命的整體化紀律；另一方面卻又讓觀者從紀律的整體脫離，進入意識之外、進入沒有意義的意義。可以因爲沈悶空洞而睡著，也可以因爲放空意識，而進入非理性（或超越理性）或潛意識的混沌、無以名狀的釋放，讓甦醒時的刹那，彷彿被光照或被水潔淨一般地清明。

林麗珍要挑戰的不只是觀者與藝術家審美觀的差異，更是挑戰一般人與他們在現實世界裡的慣性。一般宗教祭典裡，讓「滿」還要再「滿」，藉此擺脫生活中那種空洞、匱乏與呆滯的沒安全感。「無垢」的儀式劇場裡，讓「緩」還要再「緩」，因爲「緩」才能讓舞者與觀者在時間的每個刹那裡，排除與沈澱心中原先的「雜念」與旁鶩，體悟到「空」，放下原先所認爲的「是」與所執著的得失，解構原先所固執的，讓自己暫時達到因爲專注而虛空。

「整體化」與「再一次」

從1995年《醮》的漢人社會普度安魂的基調，到2000年的《花神祭》對於自然爲我、我爲自然、萬物有靈、生死一體循環不已。《醮》與《花神祭》相生相成。到了2009年第三部《觀》，從第二部的《花神祭》再轉化，自然是「我」，「我」被自然所託付、守護自然，但破壞、攻擊、衝突、毀滅，讓生生不息、孕育眾生的守護者一那最後一位神／鳥／巫（!?），被侵致死，夢土變色，祖靈悲憫，彷彿末劫將至。《觀》和之前兩齣作品不同的是，流露出集體潛意識裡更深沈的不安、像夢魘、像預言一般、彷彿無可挽回的輓歌。但是，在林麗珍的劇場裡，似乎沒有「絕望」二字。死亡不是絕對的毀滅，婚禮也不只是歡愉，生死一體，方生方死，方死方生。（圖3）

這三部舞作都以全體表演者口誦《心經》作爲最後尾聲，林麗珍有意以《心經》的「無」與「空」的精神，來統合這三部作品內不同宗教的世界觀，面對緣起緣滅、愛恨悲喜…等等欲望戰場時，如何面對無常的根本差異（註31）。無垢的宗教美學不同於西方現代藝術，西方現代藝術和「一神」宗教之間又愛又恨，反抗、嘲笑、又不能完全失去這個似乎缺席、卻音容宛在的威權魅影（註32）。

在林麗珍的作品中，我們一方面看到她重新讓劇場閃耀著祭典的光輝，但另一方面，也可以發現宗教從單一體系擴展到多元宗教精神的融通。這三部作品裡，漢人民間信仰、自然宗教、原住民生活，以及古老神話原型的儀式氛圍，在《心經》的「無」與「空」的無限無盡中，彷彿將「有」的整體收攝於「空」的意境。林麗珍企圖展現出更高的整體化，來取代將不同宗教觀並置的「拼貼」。這樣的收攝讓走出劇場、回到滾滾紅塵的觀眾，似乎經歷了一場宗教共容的收驚安魂儀式法會，而不只是欣賞一齣現代舞蹈藝術展演（註33）。

林麗珍的祭典美學想讓每一剎那的生命，在祭典的神聖召喚下，是神、是鬼、是動物靈、是植物靈、是無以名狀的靈，一個接一個從無垠的時空裡，一步一腳印地，被誠意虔心邀請而來，被潛意識的強大愛恨欲求再次催逼。看哪！《醮》的〈啓燈〉與〈獻香〉的心願，《花神祭》的〈春芽〉與《觀》的〈觸身〉，這些藝術作品所照亮的，不就是再一次凝視生命中，那最無可取代的神話創始的那一刻，從漫漫暗夜裡，從塵封、灰飛湮滅、被蔑視的潛意識深淵裡，甦醒過來。（圖4）

愛欲從來就沒被死亡消滅過、也沒有被宗教的禁欲教義所瓦解、更

圖3、《觀》〈溯〉，2009，金成財攝影，無垢舞蹈劇場提供

圖4、《花神祭》〈春芽〉，2005，金成財攝影，無垢舞蹈劇場提供

沒有因爲機械時代與消費社會而減弱。《醮》的〈點妝〉從南管如泣如訴地吟唱裡攬鏡驚覺，靈魂早已告別肉身。這種梳妝，不正是普渡祭典有別於其他祭神、祭祖儀式的關鍵，看看供桌旁的臉盆與毛巾、梳子、胭脂、水粉、鏡子。風塵僕僕地從遠方趕來的鬼靈們，當他們梳妝打扮的那一刻，女爲悅己者容，沒有肉身的肉身記憶，雖時不我予，讓慶典爲我「再來一次」吧。

古老不是古老，只是心靈時間與物質時間之間轉換的親疏反差。儀式劇場就是「再一次」來到那無法忘懷的記憶洞口，以第一人稱活現「那個」神聖時刻的記憶。生命自己救贖自己、解脫自己，再死一次、再活一次，在尊嚴地注視下，每一個生命都綻放出存在的價值。

「再一次」的欲望就是祭典最根本的動力所在。**再一次**的等待、**再一次**的愛恨、**再一次**聚散、**再一次**欲渡難渡的抉擇、**再一次**毀滅消無…，通過現場每一個似動非動的肉身流轉，召喚出一個接一個深藏在每個難以辨識的時空裡、那一個個不知名的亡靈與生靈（人的靈、動物的靈、植物的靈、物的靈…）過往前世（或潛意識）裡的不捨。這些不捨因爲觸動你我內心深處的不捨，而重新活過來。重新譜寫不同時代的生命之間，感應天地宇宙的命運軸線，肉身的一舉一動，喚起了每一次觸感所留下的深情，最深的也最難以啓齒的。

你我「觀」的眼睛是同一雙

一邊是「流轉」的舞者身影。林麗珍的空間佈局玄之又玄，透過燈光與音效的烘托，舞台彷彿無窮無盡的混沌，又彷彿孕育宇宙蒼生的子宮，作爲有機體的幽冥根源。這有別於宗教祭典裡正與邪、佛與魔對決的儀式現場。舞台上所有生命（舞者與舞台上的道具配備）乍看都很渺小，卻都如此靜定、大器與尊嚴。無動不舞，非舞之舞，一切在流轉（註34）。在**視覺**還沒有發現變動的剎那，**觸覺**早已悄悄啓動。舞者從腳底皮膚與地面接觸的面積上，「行走」的故事開始了，如何用可見肉身，去撫摸每一吋、每一秒的情感。這樣的行走，不只是人的「動」，是肉身的「動」、激起感官之所以「動」的欲望「流轉」。（圖5）

另一邊是你我「觀看」的眼神。從上述「流轉」的場面調度，透過人的觀、鬼的觀、神的觀、動物的觀、靈魂的觀、愛恨的觀、敬畏的觀、神話的觀…從肉身與地面的分離與結合的每一次繾捲：壓、提、伸、彎、滑、踩。敘事的流轉從腳跟、手指尖、嘴角、背脊開始，到腰際那條寫滿邊陲族群生命史的百褶裙，到手掌上見證地球命運的石頭，到頭頂上揭露生態危機的珍禽羽翎；從悲憫亡靈、與自然造化生死循環同遊，到搶救垂危的地球與乾涸的人心。你我都進出其中。

當你我凝視從遙遠的舞台盡頭，孤獨、陰柔而堅定的步履，輕緩地、似動非動地一步接一步地，一波接一波地，向自己的肉身、向遠古的記憶、向這當下的意識界，逼近再逼近。不禁要問，天啊！何以一位婉約女子的「行走」如此神聖莊嚴？那張俯瞰世界的面容，是多少神祇對世界的「觀」。而意識到正在凝視這一切的，正在成住壞空的你我，就在這當下，你我也和神祇們、舞者們一起進入到第一人稱的「觀」。像大地之母（像媽祖、像花神、像白鳥、像巫祭…）、像鬼魅幽靈、像意識界，像無意識界，像無意識裡最強烈的渴望，最後在《心經》的提醒中收攝展開，心無罣礙，無有恐怖。

記憶是一條無窮無盡的長河，難以測度的潛意識深淵，化身成林麗珍舞台上無止盡、無所不在的布幔。因為有遺忘，所以記憶和想像反而虛實難辨，遙遠又切身。舞台上《醮》〈點妝〉裡新娘梳妝驚覺成鬼，追憶似水年華裡的恩愛；《花神祭》〈秋折〉裡，秋靈仰天收攝正在消逝的悠悠歲月；《觀》在白鳥加冕後黯然消逝與慘死時帶她離開的生命之河。是纏綿悱惻、曲終人散、物換星移、歷久彌新、閃著無數新仇舊恨、血淚交織的生命之鏡（註35）。你我從消逝的盡頭，去看記憶如何一點一滴地被喚起，成為涓涓長河。這樣的生命光景，在你我觀看林麗珍舞作的當下，被邀請或被催眠地，也成為這條生命長河湧動生滅的見證者。

圖5、《醮》〈遙想〉，2007，金成財攝影，無垢舞蹈劇場提供

道成肉身的流轉

無垢舞蹈劇場讓我們進入了至大無外、至小無內的肉身流轉。「塗身」讓肉身不再只是現實生活中被迫遮掩的性慾對象，塗身讓裸露的身體就是肉身，還給肉身應有的自然自在，這種自然自在彷彿神明的金身一般的神聖（註36）。肚兜、桌圍、百褶裙是古董，可以召喚記憶、召喚歡樂、祝福、期望、災難、毀滅。**帶有生命史歲月滄桑的文物，以他們生命史的「舊」，來扭轉必須一再製造「新」產品，抹去記憶、不斷汰舊換新，無法物盡其用，唯流行產業是瞻的現代消費社會的物體系。**（圖6）

上妝塗身的色彩與線條的配置、頭部的髮帶與冠冕、帶著香火餘韻的老桌圍、糾纏生命史的百褶長裙、飄下花架的芒花、彷彿累世靈魂休息站的繽紛招魂幡、舞者自己收割的稻穗、祖靈如泣如訴的吟唱…。這些或者從民間傳統的物體系裡汲取出來的物件，或者來自林麗珍珍藏的古董「現成物」(ready—mades)的再創造，在緩緩移轉的腳步所牽引的凝視中，變成電影的特寫鏡頭，撫摸著這一件又一件貌似無生命、卻又充滿生命痕跡的物件。用腳、用手、用身體、用記憶、用想像力，每一剎那欲望流轉的力道，道成肉身，將所有展現在舞台上可見的肉身一一聯繫，像無盡時空或者輪迴變換的天羅地網，捲軸一般緩緩地攤開，拉出足以凝視你我欲望的心靈距離。（圖7）

這些生命力場的流轉，解構了以人的利害得失所論斷的尊卑、正邪的秩序。因爲人也只是天地宇宙間力量展現的「一」種集結，何況在林麗珍的劇場，看不到

圖6、《醮》〈水映〉，2006，金成財攝影，無垢舞蹈劇場提供

圖7、《觀》〈溯〉2009 ，金成財攝影，無垢舞蹈劇場提供

一般劇場裡的「人」。因爲不再是人的行走，不再只是人的肉身，而是一個個的肉身流轉一布的肉身、燈的肉身、火的肉身、幡的肉身、鈴鐺的肉身、交合的肉身、死亡的肉身…，這豈不是一幕幕夢境般的肉身嗎？祭典的肉身在這種緩緩地「進」與「出」的夢境上，如此新鮮地，像花瓣最初的綻放，又像靈魂即將離開肉身前的回眸。（圖8）

身爲觀者的你我，也不得不鑽向那平常不願或無暇打開的，一個又一個塵封與任意拋棄的肉身流變。這是對肉身祭典重新給出尊嚴的機會，這是在被機械化、工具化日夜鞭策的你我，久違的暫歇喘息。因爲留白，而得以浮現被壓抑的潛意識肉身。這裡的甦醒讓你我從奴隸的慣性中驚醒。**習慣於活在互相奴役關係中的「靈魂」，與這些被肉身化的衆生尊容，在劇場裡一一對望時——這剎那的甦醒，就是林麗珍的舞蹈劇場對現今的消費社會最有力的提醒**。

因爲被奴役的你我，以及被你我所奴役的「物」，在林麗珍的劇場裡，已經以最公開又最私密的方式，打開長久被蔑視與隱藏的靈魂尊嚴了。回來了！時空不再是你我事不關己、以人類的支配與剝削獨霸的時空，眼前的生物與無生物，訴說他們被人類文明剝削、殘害、拋棄、遺忘的生命史、屬於「心」的災難與解脫的神話。林麗珍劇場美學的「緩」與「空」，撞開了現實的「急」與焦慮，讓「緩」與「空」不是停滯、空洞、逃避現實，而是打破僵化的慣性與奴性的動力。

圖8、《花神祭》〈秋折〉，2005，蔡德茂攝影，無垢舞蹈劇場提供

不算結語——承擔與解脫

「緩」不是存在的常態，而是必須透過意志貫徹下所展現的非常態。「無垢」舞者緩而沈的身體流轉，像進行一場意志與意志之間激烈的遊戲角力。因爲在每一剎那的流轉裡，促使移動的意志是每一個在劇場裡被召喚來的人／靈的記憶、想像與意志，包含自身所扮演的角色，以及面對考驗時的承擔。「空」「緩」不只是放空與虛化，也同時包含對「我」之所以爲「我」的承諾。這部份在《觀》特別明顯，這些承諾讓「人」或者讓生命不只是爲自身而活，而是爲某種被賦予的任務而活。

就意志與承諾這一環的觀點上，「無垢」的美學並不在追求本文第一部份所提及的「後現代」藝術對於「多」的迷戀。前文提及台灣當代藝術風格中，透過「多」的不斷延伸拼貼，來製造因爲意義的偶發性與不確定感，所帶來的超乎想像的驚奇，並企圖在「多」的驚奇中，擺脫被「系統」、「整體」、「一致性」支配下的僵化。但「無垢」並非只想作「多」的拼貼，這裡還包含「多」中再統合爲一的整體化。

林麗珍沒有像跟隨前述的台灣當前藝術創作的流行趨勢，以「多」的拼貼來作爲想同時吸納「多」（古今內外）的嚐鮮亢奮與認同焦慮。「無垢」所創造的「驚奇」，不是「多」的「偶發性」，而是從彷彿發自同一根源的每一個「個別」元素，去展現「個別」和「整體」之間的相生相成關係。所以無垢的個別，不是獨立於天地之間的個體，而是在整體關連中的個體。這個「整體」可以是大自然的循環節奏、天道運行、或者屬己、空無、混沌，但不是西方現代主義裡以無神論去否定一切的虛空、逃離與頹廢。

因爲關連於整體，所以「無垢」個別的「一」並非「無限」，而是每一個個別的「一」都在與「整體」的生成變化裡，並非爲所欲爲的任意性。在林麗珍的劇場裡，個體生命的完滿不在於征服一切、達到卓越顛峰，而在於完成和她所屬的**縱身源頭**與**橫向衆生**之間的承諾，以及宇

宙生生不息的循環節奏。林麗珍的舞蹈劇場，並非回到傳統唯威權是瞻的父權尊卑道統，而是回到眾生如其所是地被賦予存在價值，以及呈現大地靈魂的內在風景（註37）。

《觀》〈渡鏡〉裡，鷹族之子背離承諾後的痛苦與孤絕的吶喊，祖靈一直在遙遠的舞台盡頭凝視這一切，以聽得到與聽不到的歌聲伴隨。林麗珍的祖靈不只是人類的祖靈，而是所有生物的祖靈（註38）。在〈渡鏡〉裡鷹族兄弟以慢動作鏡頭般的對峙決鬥，在渡與難渡的「我」與「非我」的戰場，承諾與背離的抉擇，將那難以數算的古老潛意識裡，從混沌到此時此地的欲望抉擇，濃縮於一瞬間。（圖9）

白鳥／神巫從原先的與天地同在，到加冕時的獨自承擔，到被迫、被毀死亡，生命需要全力以赴、以生命相許。《觀》所暗藏的沈緩時間節奏，不正是面對考驗、面臨必須以身相殉的命運時，難以承受面對的折磨煎熬。林麗珍的美學驚奇還有另一層面對整體命運的「承擔」。承擔起作爲在宇宙流變中、在這個轉捩點上，「我」可以扮演的角色，甚至儀式劇場必要時變成獻祭禮，成爲犧牲的再現。

「我」不是奴隸，而是透過「我」，來完成一項只有「我」才能和宇宙眾生共同完成的任務，個別的「一」與「整體」之間的**承諾**。這是林麗珍的舞蹈劇場和古老的祭典精神同源的所在。這樣的美學不是站在人作爲權力的支配者，而是人作爲宇宙蒼生之一，不再只是血緣、地緣、經濟體的認同，而是包含精神上的或者潛意識上的，**屬於更古老而根本的宇宙共同體的認同**。這種儀式劇場的美學是入會禮、潔淨禮、加冕禮、生命禮儀（rite of passage）、甚至是獻祭禮，展現出不同生命體在不同階段、承擔使命與面對考驗的光景流轉。

「快」是本能衝動，但「緩」是反本能的，「緩」來自禁欲，也來自對於禁欲的「禁」的壓抑或者轉化昇華。「無垢」美學裡的「緩」的速度是壓抑、也是轉化，但並非能量的衰微或放棄，而是等候契機的意志，把能量持續地由這一剎那轉往下一剎那的意志。在「緩」的意志保衛戰中，悄然地進行另一種釋放與收縮的力量交鋒。「緩」不只是物理

圖9、《觀》〈渡鏡〉，2009，金成財攝影，無垢舞蹈劇場提供

的與生物的力場，「緩」有「承擔」的倫理層面，「承擔」也唯有身在其中，才能眞正發生。承擔讓「多」的「無限性」面臨抉擇，在「一」的「整體化」中迎接**完成**與**缺憾**。

林麗珍並沒有讓《醮》、《花神祭》、《觀》停留在難以承擔的恩怨缺憾、警世末劫、或悲劇英雄的絕望結局，林麗珍堅持必須以《心經》的「空」、以「虛」來作最後儀式終結時的「迴向」，讓這一切「可見的」與「不可見的」所無法完成的壯志或執著的缺憾，再回到以「無」作爲開端（與結局），從看到「承擔」命運光景的「實」與「虛」的流轉，得以從「承擔」的使命或包袱中超越，轉化爲無失亦無得的豁然，而非淪爲威權與道德教條下的奴隸。林麗珍的美學同時選擇了**承擔**與**解脫**。（圖10）

圖10、《醮》〈湮滅〉，2008，陳點墨攝影，無垢舞蹈劇場提供

三部作品最末《心經》誦唸結尾的使用，也冒著因爲「我執」（執著於非放《心經》無法安其心的整體化佈局），冒著對於藝術的絕對責任，只會讓創作變得乾涸的危險（註39）。《心經》承擔了「無垢」在意象開展上，不只是整體作品氛圍所展現的空緩，還要一再出現的「空無」呼籲，來完成宗教上「非如此不可」的救贖儀式的原型。如果讓「美」成爲更難以言喻、更難以被整體化的可能性，是否也可以繼續和不可知的「空」「無」繼續相生相成呢？

或許正因爲台灣目前的藝術創作潮流，是如此耽溺於「拼貼」的意義無以名狀，以及迷戀在爆量加速、包山包海的嚐鮮亢奮中，讓編舞家林麗珍的舞蹈劇場不只想提供另一類的藝術表現形式來湊熱鬧。**解放之外還有承擔**。「承擔」恐怕在台灣目前多方壓寶、現買現賣的藝術「拼貼」汪洋裡，是**最難拿來「拼貼」的以生命作賭注的「媒材」**。「無垢」返回整體化混沌的「空緩」美學，所包含的回到「屬己」、「回歸大地爲生命祈福」的承擔（註40），不只是另一種「美」的驚奇，也是儀式般的應許。讓在「加速」與「量產」洪流下奔跑的你我，與來不及凝視的自我身影再度重逢。

本文的完成感謝林麗珍老師與無垢舞蹈劇場的啓發與協助；感謝陳琬琦小姐、劉韋廷先生、藍晨輔先生、許若軒先生在錄音整理與資料蒐集上的協助。

＊本章注釋

1. 本文發表於《真理大學人文學報》第十期（2011.04），頁1-17。本文的後半部份，刊登在國立中正文化中心出版的《十年一覲》（2010年）無垢舞蹈劇場專刊。

2. 本文所提到的時代場景以林麗珍成立無垢舞蹈劇場的一九九零年代中期以來的時間軸為主。

3. 一九八零年代後期台灣的現代劇場，除了特定社會行動或政治事件之外，大多集中在台北都會，這個「西化」最徹底的都市，也同時是台灣最資本主義化、大學數量最多（知識菁英最多）、以及中國大陸新移民（外省族群）最多的都市。活動於台北都會為主的台灣現代劇場，在上述社會環境的外在條件影響下，造就了台灣現代劇場中產階級的「都會性格」，以及以華語為主（相對閩南語、客語、原住民或其他族群的母語）的知識菁英「在地」品味。

4. 詳見吳全成主編，《台灣現代劇場研討會論文集：1986～1995台灣小劇場》（台北：文建會，1996）。

5. 詳見陳雅萍，〈身體．歷史．性別．權力：舞蹈劇場與臺灣社會，1980s－1990s〉《民俗曲藝》 161(2008.9)： 39－81，頁40；鍾明德，《台灣小劇場運動史尋找另類美學與政治》（台北：揚智，1999），鍾明德，《從寫實主義到後現代主義》（台北：書林1995）。

6. 詳見由國立中正文化中心主編，中華民國84年到中華民國89年的《表演藝術年鑑》。

7. 這裡使用「國語」而不用華語，是以那時期對於語言的慣用字眼使用，最近因為「國語」對外（國際上）已經被中國的華語所取代，加上「國」語所指的是哪一個「國」，陷入政治統獨的尷尬，改以華語來稱呼，表面上避開政治概念的尷尬，而躲入「國際」的模糊地帶。

8. 我所闡述的面向只是以相關於林麗珍的無垢舞蹈劇場的美學特色來略述，無法進行全面的文化現象分析。

9. 休斯頓．史密士(Huston Smith)，《超越後現代心靈》(Beyond the Post-Modern Mind)，梁永安譯（台北：立緒，2000），頁141。

10. 「斷裂」不只是對「去整體」的二元對立，而是「另一種」的可能性，不斷地從整體中分裂、破碎，但並不能以「無限」去加以概念化，否則又將淪為另一種概念化的「整體」。

11. Jean-Francois Lyotard，The Postmodern Condition: A Report on Knowledge (La Condition postmoderne: rapport sur le savoir), trans. Geoff Bennington and Brian Massumi (Minneapolis: University of Minnesota Press,1989), pp.80-82.

12. 休斯頓．史密士，《超越後現代心靈》，頁313-341。

13. 一九九零年代中期，越來越多在精神知性、靈修養生、自然保育…等相關外來思潮的輸入，讓台灣產生另一種異中有同的文化主體性。不屬於單純恢復既有台灣華人傳統的懷舊式和鄉愁式的訴求，而是企圖透過這股「東方」或古老文明「集體潛意識」的靈性復興運動，找到有別於歐美藝術主流的「東方」觀點。

   這裡我依然使用「東方」觀點，意味著到目前為止，台灣還是要透過歐美「西方」強勢文化眼光的肯定，才能自我肯定，還是無法建立成為真正自我肯定的文化主體。「東方」觀點逐漸受到重視，在西元兩千年過後迄今，還包含中國在經濟與軍事的影響力已經逐漸威脅到目前國際政經強國。在中國國力持續壯大的趨勢下，藝術創作也同樣迅速蓬勃發展，這部份對同樣擁有華人歷史文化的台灣，形成越來越明顯的影響力。

14. 在此所指的「拼貼斷裂」風格並非在八零年代突然冒出來。「拼貼」一直是創作者們面對整體與單一體系、自身與外來的創作元素之間，尋求新的創作動力的表現手法。有的是自覺的使用，例如一九六零年代的金光布袋戲，對於美國電影元素和日本通俗文化元素的挪用。有的是不得已而使用，例如日治時期皇民化運動時，將台灣民間戲劇偷偷穿插在皇民劇之中。詳見邱武德的《金光啟示錄》（台北：發言權，2010）。

15. 鍾明德，《從寫實主義到後現代主義》，頁212—221。Jean—Francois Lyotard，The Postmodern Condition: A Report on Knowledge，pp. 71—82。

16. 從一九八零年代起更多在文化強國取得學位返國的知識份子，陸續在大學、媒體、出版界的資訊傳輸體系，引進他們所學到的文化強國的流行知識。中國大陸在一九九零年代起，大量翻譯外國著作，對於台灣社會也產生直接影響，過去受限於少數精通外文的知識菁英所獨佔的知識禁臠，隨著良莠不齊的中國翻譯書籍大量出版，讓這些知識精品的「裝飾性」與「拼裝性」更普及了。之所以出現「裝飾性」與「拼裝性」，而不是對這些知識精品的真正消化，或許因為台灣的需求量實在太大、可消化的時間太短了，以致於對這些知識精品的原產在地性（形成的原因、特色與限制）鑽研的火候不夠，多半淪為囫圇吞棗，奉為口號或格言佳句而已。嘲諷的是，「拼貼」、「斷裂」、「破碎」、「反敘事」也算是正夯的「後現代」主流創作風格。

17. 一九九零年代後半以來，中央或地方所舉辦的各項地方「文藝季」，以及國際大型「藝術節」，幾乎和台灣的廟會慶典、選舉活動一樣絡繹不絕，以致於這些知識理論精品被快速拆卸後，立即拼裝改造，就成為台灣這幾十年來拿手的商品代工翻版，藝術創作和一般廉價加工產品相去不遠，藝術的代工版或仿冒版，紛紛出籠。台灣不只是全世界電子業代工龍頭，連藝術創作也在「薄利多銷」、「多方壓寶」的台灣打拼精神的大纛下。詳見民國84年—86年《表演藝術年鑑》。

18. 藝術創作現象的個別分析，詳見民國84年—90年《表演藝術年鑑》。

19. 台灣政府對美國的政治與經濟力雙重依賴下，所造成的強勢美國式流行文化的影響，從五零年代影響迄今。再加上九零年代起日本青少年流行文化對於年輕世代的影響，也成為台灣年輕世代擺脫傳統家族威權文化的方便法門。這樣一來，表面上擺脫傳統的威權文化，卻落入另一強勢的美日文化霸權的支配。西元兩千年過後，中國在經濟與政治的大國崛起趨勢，也形成台灣有別於國民政府在一九四九年之後所打造的「中國文化」，新一波「中國化」的文化影響，也隨著台灣對中國在經濟上的依賴日深，而日趨明顯。對於「去文化」主體的台灣年輕世代，認同不再是自身血緣與地緣的文化，而是更自由地或者更不確定地在眾多強勢價值觀角力下的價值漂泊。

20. 參見CNA 新聞全文檢索：國內外中文新聞資料庫以及聯合知識庫自一九九七年以來的媒體資訊。

21. 紀慧玲，〈期待本土創作的啟航〉，《中華民國85年表演藝術年鑑》，頁87—88，周慧玲，〈官方主導或市場機制〉，《中華民國86年表演藝術年鑑》，頁12—13。

22. 參見本書〈美學變貌的未竟之志？——蘭陽舞蹈團《聽花人》〉。做為藝文團體的舞蹈劇場，不同於一般商業劇場，是否需要走大眾化、「藝術推廣」路線，還是走小眾路線、堅持自身的創作品味，一直是創作者所面臨的抉擇。更諷刺的是，向來以舞蹈作為生活不可或缺的原住民族群，傳統的慶典歌舞卻依然被漢人政府打壓而邊緣化。被漢人政權摧毀蔑視的原住民宗教慶典、曆法與生活形態，已經導致部落傳統文化凋零，被迫改變謀生方式，只能無奈地透過觀光化的扭曲形式，在強勢文化認可的眼光下展現傳統祭儀歌舞。

23. 盧健英，〈期待長江後浪推前浪〉，《中華民國85年表演藝術年鑑》，頁72。

24. 有別於過去官方刻意培植的傳統京劇，傳統戲曲南管雅樂，透過音樂、唱曲、舞蹈元素的考據，從傳統中展露新意，在九零年代後期逐漸展現出兼具中國古風與台灣版重構的主體性。

25. 參見中華民國84年到89年《表演藝術年鑑》；王墨林，《都市劇場與身體》（台北：稻香，1992）；劉昶讓，《優劇場「溯計劃」的理念與實踐之研究》（台北：台北藝術大學，2007）第二、三、四章。

26. 周慧玲，〈官方主導或市場機制〉《中華民國86年表演藝術年鑑》，頁15—16，胡民山，〈滾滾新氣流 世代交替的舞蹈現象〉，《中華民國89年表演藝術年鑑》，頁66—68。

27. 傅裕惠，〈跨越政權交替的新世紀 文化事權統一的蹣跚之步〉《中華民國89年表演藝術年鑑》，頁13

28. Theodor W. Adorno，《美學理論》(Ästhetische Theorie)，林宏濤譯（台北：美學書房，2000），頁26。

29. 王鏡玲，〈神聖的顯現：重構艾良德（Mircea Eliade）宗教學方法論〉，第三章顯聖的原型與重複。

30. 詳見林麗珍在〈讓旗鑑航向深遠—從兩廳院旗鑑節目〈觀〉談起〉座談會記錄裡的發言，記錄者吳靖雯，藝術家雜誌第417期（2010.02），頁301。有幾次看「無垢」的舞作時，我身邊經常出現痛哭流涕與呼呼大睡的觀眾，這些或許都反映出第一人稱看戲者的寫照吧。

31. 這裡的《心經》並不限於佛教，而是融合中國道家精神的空無，《醮》一開始的道士淨場，也無須限定為道教，而是宗教人向來對於聖／俗存在處境的劃分與區隔，另一方面也是林麗珍認為三部作品演出時所召喚出的有情無形、愛恨悲喜還諸天地，回歸混沌虛空。

32. 同註30。

33. 賴賢宗曾指出林麗珍的舞作具有藝術、哲思與修行的層面。詳見賴賢宗，〈死亡是生命之鏡：《醮》2006年演出〉，《醮》（2006）節目冊；賴賢宗在〈讓旗鑑航向深遠—從兩廳院旗鑑節目〈觀〉談起〉座談會記錄裡的發言，頁298。

34. 詳見林麗珍在〈讓旗鑑航向深遠—從兩廳院旗鑑節目〈觀〉談起〉座談會記錄裡的發言，頁301。

35. 《觀》在白鳥曲身加冕後，燈光轉暗，兩邊天水般的長幔消失，留下中間直達無盡舞台深處被燈光照得雪亮的白色長幔，彷彿祭壇一般。來自祖靈般的古老吟唱，緩緩迴盪，最遠的舞台白幔盡頭，似有若無的遙遠祖靈現身。兩邊持稻穗和鈴鐺的隊伍緩緩移轉，似進非進、似退非退。晦澀曖昧的光影，彷彿世世代代生滅的靈魂枯榮重現，等候那石破天驚般的事件，即將發生，但依然如此沈緩，緩之又緩，吟唱聲更緩、更遙遠，直到中央白幔消失，地面悄悄地再拉出現三條橫向布幔。彷彿奇門遁甲的佈陣之妙。有趣的是，這段因緣際會看過幾次，似乎是身邊不少人睡最多、最安穩的一段。

36. 《醮》、《花神祭》和《觀》的「女主角」都裸露上身，除了到對於裸露還保持戒嚴心態的中國大陸外，《醮》在台灣首演時曾引起爭議。但到了2000年《花神祭》首演時，已經有評論者認為含蓄中有解放，江映碧，〈唯美與狂野〉《表演藝術》第95期（2000），頁76。

37. 《觀》的節目冊，林麗珍手繪摺頁。

38. 我在2009年12月22日和林麗珍的談話錄音；參見林麗珍在〈讓旗鑑航向深遠—從兩廳院旗鑑節目〈觀〉談起〉座談會記錄，頁301。

39. Theodor. W. Adorno，《美學理論》(Ästhetische Theorie)，頁82。

40. 《觀》的節目冊，林麗珍手繪摺頁。

慶典美學與中元普渡

當人驚覺「死亡」的毀滅時，突然間從無憂或無聊的生活慣性裡「醒」來，被「終結」與「斷裂」將至的陰影給照亮了，陰影照亮了躲在追求物質安全感與敵我攻防帷幕裡的你我。

這時，慶典的需求出現了：創造了「再來一次」的希望，管他是真非真，是假非假；管他是否超越、透視或是耽溺現實，就是去編織一次又一次既變形又濃縮的夢境。死去的肉體不再只是肉體，消逝的物質不再是物質，眼前的祭物都將透過儀式的轉化，從這個「此岸」世界的虛擬性，變成下個「彼岸」世界「現實性」的應許；而「彼岸」的應許總是讓「此岸」揭示出前所未有的變局，欲望滿全的實現或者欲望挫敗的考驗。人們從生疏、陌生、「異己」的、「他們」的世界，尋找變成「熟悉」、親切、互通有無的「我們」的世界。

死亡從來就不是終結…

死亡從來就不是終結，死亡是活著的每一個生命永遠想逃離又直逼過來的威脅，是斷裂與終結，也是自由與新連結。慶典釋放了生命因爲死亡的斷裂所帶來的絕對虛無，讓死亡成爲新的肉身連結點。**不知是死亡以虛無的暗夜，照亮了慶典衆聲喧嘩裡的生機，還是透過慶典肉身鏡面的濃縮，折射出死亡令人顫慄又魅惑、最親近又最遙遠的切身觸感**。當人驚覺「死亡」的毀滅時，突然間從無憂或無聊的生活慣性裡「醒」來，被「終結」與「斷裂」將至的陰影給照亮了，陰影照亮了躲在追求物質安全感與敵我攻防帷幕裡的你我。

慶典創造了「再來一次」的希望

這時，慶典的需求出現了：創造了「再來一次」的希望，管他是眞非眞，是假非假；管他是否超越、透視或是耽溺現實，就是去編織一次又一次既變形又濃縮的夢境。**死去的肉體不再只是肉體，消逝的物質不再是物質，眼前的祭物都將透過儀式的轉化，從這個「此岸」世界的虛擬性，變成下個「彼岸」世界「現實性」的應許；而「彼岸」的應許總是讓「此岸」揭示出前所未有的變局，欲望滿全的實現或者欲望挫敗的考驗**。人們從生疏、陌生、「異己」的、「他們」的世界，尋找變成「熟悉」、親切、互通有無的「我們」的世界。

慶典是什麼？就是介於現實與幻想之間斷裂的、耗損的、被終結的存在處境，讓它可以「再來一次」、從無到有、從貧乏到豐盈、從焦慮災禍到幸福滿全的願望。**透過肉身的、物質性的現場，把每一個原先分散、藏匿的、難以正面相迎、不容化約旁觀的第一人稱——「我」，在慶典結構的氛圍裡，從「看不見的」變成「可看見的」，從散裝、離散到凝聚、共融／共襄盛舉的「我們」**。慶典讓人們從無能爲力的現實

裡，找到欲望得以轉化的出口，讓面對因逐漸僵化、逐漸耗損、而焦慮不安的「我」，在慶典中因爲禁忌的隔離與壓抑，以及超乎平常的「過度」欲望的宣洩，重新找到流變與創生的動力。

慶典的「再來一次」並非一層不變地被迫重複，慶典裡的象徵意涵，隨著時代、隨著宗教在社會上權力的變遷而產生變化。慶典是求生意志在現實狀態裡的冒險與賭注，慶典一方面再現傳統宗教符號趨吉避凶的形上功能，另一方面隨著都市化、去血緣、去地域、去根源性的慶典特質也逐漸出現。慶典的特質含括了回到週期性的時間再現結構，再一次無可替代地將「虛無」包容到「有」的動力，而「有」又因爲「空」（淨化）、混沌（嘉年華式的「過度」、因吸納雜多互相差異的能量所產生的交混、交鋒的、或尚未非制式化的生成狀態）而孕育契機。

慶典就是「超」現實

慶典現場的生機在於「再一次」並非只是對於「第一次」的機械性複製，也並非只是被「前一次」所支配。慶典的再一次是透過物質性的再現，去「重複」那無法「重複」的獨特性。**慶典就是「超」現實，**讓現實再來一次，卻比現實的時間感更快或更慢、空間感更滿或更空、甚至「無」時間感、「無」空間感；欲望更多或更少、更強或更弱，和現實之間並沒有同一性的關係。

「慶典」讓現實的時空都不夠用、而必須透過前所未有的、彷彿第一次出現的想像來發射，讓感官塞爆或者放空，快的更快、慢的更慢、深的更深。「慶典」來自意志(Will)、來自激情、來自瘋狂，來自原型的再創造，來守護著生命的變化生成。這種瘋狂有時是轟天雷、有時則大音稀聲，有時什麼都還不是什麼的混沌、無以名狀。慶典既是區分，又是區分之後，對於多重對立力量並置的包容過程。

慶典的「再來一次」，包含區分、佔有、生產、交易、驅離、耗盡、毀滅。另一方面，慶典包含「釋放」、「向外」的再來一次，也包含一再「承接」、向著更深的內在「自我」的顛覆。慶典的連結所包含的集體，並不等於國家權力所集結的集體，而是慶典自身的需求所集結的想像共同體。慶典現象包含從日常時間到慶典時間的轉換，慶典的時空既要透過日常時空來製造差異，又和日常時空無法全然分離，還保有與物質性對應的辨證關係（註2）。

這種異質性的慶典狀態，不脫離日常物質條件裡的時、地、人、事、物的互動關係，只是再一次地賦予這些時、地、人、事、物更多層次的欲望連結關係。在不同時空感再現（原型與再現的時間差）、或共時性地並置的關係中，慶典的美學可以完全漲滿，可以完全倒空。所有個別差異被凝聚在慶典場面調度的變動關係裡，自行在時間中微分出每一剎那間的連續與斷裂。

死亡與「鬼」的慶典

死亡是什麼？是被迫再也沒有力量、沒有意志、沒有生機、絕望的、完全封閉與終結？還是「死亡」也包含在這樣封閉與終結的否定中，醞釀「再一次」的機會？而這「再一次」的意願正是慶典動力「區分」與「再生」的力道之所在。「精氣爲物，遊魂爲變，是故知鬼神之情狀」（《周易繫辭》上）。在台灣傳統宗教信仰裡，農曆七月被視爲「鬼月」，是一個被區分出來、最能想像「死亡」與面對死亡的慶典時節。這個慶典時節並未在二十一世紀消逝。當現代社會把「死亡」的物質性痕跡－墳墓，越搬越遠，城市都會裡「死者」快銷聲匿跡時，界定「活人」與「死人」的居住空間界線，意味著活人排除死人來讓自己「活」嗎？一年一度的中元普渡慶典，難道是重新掀開這條「我們」已經逃離的、生命最根本的、生死區隔的返鄉想像之路嗎？

以感官經驗的普遍性來作爲知識來源的思想體系，沒有給予「鬼」是否存在的證據。但「鬼」有沒有眞實存在並非重點，重點在於人對於「鬼」所做的想像與虛擬的設定（例如禁忌與祭物的設定），都意味著「鬼」和「人」之間根本的存在狀態的區隔與類比關係。人將對於「鬼」（以及那背後的「死亡」）的不可知、不可見的恐懼感，轉變成透過神明的庇佑、宗教權威的監控，成爲可知、可見、可控制的鬼魂世界。

簡言之，**活人通過「死人」再活一次，透過慶典來做爲面對「死亡」一這種物質生命「終結」後，「精神」得以延續的集體想像**。在普渡慶典的開展下，從各種生活禁忌的限制區隔中，開出欲望與欲望交鋒消長過程，最深沈的吶喊與最輕盈舞動的靈魂劇場。普渡慶典將人「鬼」之間的搶奪，轉換成尋求人「鬼」之間彼此欲望的滿足，不只是形而上的，不只是未來的、永恆的，也是在慶典當下、具體的感官功能上完成的。

「鬼」是「超現實」的記憶戰場

「鬼」是「活人」世界的想像複製嗎？在人的想像或信仰裡，「鬼」不等於活人，鬼是「超活人」、「超現實」、沒有肉身，卻給人超出肉身感官上的恐懼與想像。「鬼」曾經被中國哲人視為突破肉身限制的精神狀態，具備了「神明」一般穿越時空的能力，享有人所無法達到的自由。例如《莊子》對於「鬼」描述：「無君於上，無臣於下；亦無四時之事，從然以天地為春秋，雖南面王樂，不能過也」（註3）。將死亡所帶來的暴力與痛苦，視之為拋下形骸桔桎的無為逍遙者，的確是輕盈的精神出口。

但我們卻發現，**一般人對於「鬼」的看待方式，卻是人所能想像出來最自虐、施虐與被虐關係，以及集體愛憎記憶對決的戰場**。和《莊子》視「鬼」為無為逍遙的想法相對立的是：「鬼」意味著：當「我」被投射在無止盡的時空輪迴裡時，「鬼」就是「你」——以第二人稱，來作為這種切身的、潛意識的、難以掌握的存在威脅感。這個「你」（鬼）一直和「我」（人類）爭奪同樣的目標，所以「我」要不迴避「你」、要不就制伏「你」、要不透過拯救「你」、讓「你」「我」進入無法確定的交易關係。

「鬼」失去肉身，但肉身卻以更內化的形式存在於人的想像之中。死亡並非「已死」生命與其他生命關係的消失或終結。相反地，**在宗教信仰的體系裡，死亡反而轉變成另一種「超」現實的欲望交換關係**。「超」現實的欲望交換關係，也變成不同宗教之間，企圖訂下各種「此岸」與「彼岸」之間欲望交換的權力關係。（圖1）

這種欲望交換關係牽涉到各宗教裡如何以「靈魂不朽」、「死後世界」、「輪迴」、「審判」、「懲罰」與「救贖」、「潔」與「不潔」…等等的信念體系，來交換現實生活裡勞動、財富、繁衍、享樂…等生存要件之間意義的抉擇。這些「此岸」與「彼岸」之間欲望的連結，累積了過往所銘刻的愛憎記憶，從特定個人到家族式的累世恩怨、

圖1、蘆洲中元普渡，1993，陳少維攝影、提供

到天災人禍，都被吸納在因果循環、物質不滅定律的集體記憶萬花筒內。

宗教掌握生死的解釋權

「死亡」的集體記憶沒有隨生命消逝、歲月流逝而遺忘，反而繼續蔓延、濃縮、擴展、變形組合，照亮或威脅此時此地的「我」。宗教加深肉身「死亡」的恐懼，卻也釋放了對「死亡」的恐怖。因爲宗教掌握生死的解釋權、控制生死如何在宗教所支配的因果關係中，產生欲望交換的原則（註4）。

對人類而言，死亡不是自然，而是不同宗教文化體系自圓其說的重要戲碼。死後所面臨的屍體腐爛、惡臭、變形，引發宗教上賦予「不潔」、「污穢」與「暴厲」等禁忌象徵的規定，以控制肉身毀損後，死後依然存在的靈魂去向。儘管台灣漢人的宗教信仰並不包括吞吃死人，將屍身轉爲精神上的能量，但對死於非命的亡靈的能量想像，則經常和「以牙還牙」、「以暴制暴」式的復仇想像結合，將現實生活所遭逢的痛苦與不幸，視爲和亡靈死於非命的憎恨與復仇有所關連。

在台灣民間多神信仰的象徵系統裡，人與「鬼」、「神」關係密切，並非敵／我二元對立。**「非我」的威脅——「鬼」，對人具有攻擊性與毀滅性，被視爲「陰界」、「不潔」或「污穢」，彷彿是入侵者、敵人、搗蛋者、誘惑者的身分**（註5）。但「鬼」並不等於「惡」，神／鬼並非善惡二元對立。人與「鬼」之間也並無互惠的契約關係（註6）。對於「鬼」的祭拜，不管是在一般民家、寺廟或是壇場，都是以空間上的「外」——屋外、廟外、壇外（外壇）（註7），來作爲人對於「鬼」存在空間最根本的區隔。

人同時有另一種「非我」的守護庇佑——「神明」。「神明」被視爲家族之長、官僚高層、軍隊領袖、仲裁者、審判者之姿，對人、對

「鬼」都有「淨化」、救度與管轄的功能。例如地藏王普薩、太乙救苦天尊與大士爺在普渡儀式中，被賦予維持普渡儀式秩序的捍衛者，扮演庇佑、規訓與救贖的角色。

鬼靈被視爲死於非命、充滿憎恨與報復的亡命之徒，無家可歸又常常死守某地，像遊民、乞丐、罪犯、流氓、惡棍、陌生人、復仇者。上述的「鬼」在以男性爲社會經濟力行動主體的論述裡，多半被視爲男性，一旦牽涉到「女鬼」，則往往和「性」（sex）有所關連。「女鬼」可能被視爲帶有「性」誘惑的妓女，難產或家庭因素死於非命的怨婦（註8）。神明幫人擺平「鬼」的威脅，人透過和神明、與鬼魂之間的「多邊」利益互惠的交換關係，來安頓人現實處境的不確定感。

「禁忌」與普渡慶典

涂爾幹(Emile Durkheim)曾指出，「神聖」之物就是被隔離、區分出來的事物(註9)。這種隔離所制訂的「禁忌」，或許來自對象的崇高、具有致命的絕對權能，所產生的尊崇與恐懼，透過隔離、避免感官肉身上的色—聲—香—味—觸、壓抑或控制本能欲望，來彰顯神聖對象的權力與異質性。這種區隔是存在關係的整體性變動，所以既指向「神聖」的對象，同時也指向人。

「禁忌」與「潔淨」

人們在與神聖界接觸時，必須透過對於「禁忌」的遵守，區分「平常」、「世俗」的存在狀態與處於「神聖」或「慶典」的狀態。這種區隔也包含對於卑賤、污穢、犯罪、具威脅者的蔑視、拒斥與恐懼。對於「潔淨」的神聖力量，人們透過禁忌、透過區隔、透過否定，來讓自己淨化，在自我潔淨中，進行與聖界的接觸。

另一方面，人透過禁忌、透過區隔、透過限制，來讓自己「淨化」，避免受到帶有「污穢」、「危險」的神聖力量的「污染」與入侵。這種「禁忌」的功能涂爾幹認爲帶有公平交易的意涵，因爲即使遵守禁忌遭受折磨與痛苦，但這種代價往往爲的是在不確定的未來命運中，對等的權益與更大願望的實現(註10)。這種面對強大力量所造成的區隔與控制，既透過被「對象化」的超自然力量，也同時指向超自然力量所直接對應的兩種生存本能——一種是繁衍、性力或創生的能量，另一種則是死亡或毀滅的能量。

但是「禁忌」除了上述的能量支配的特性外，還有另一種特性，那就是透過「禁止」與「封閉」的控管，來作爲「休養」「生息」的象徵意涵，是相對於上述創生與死亡的「顯性」能量之外，另一種相對「隱

性」的孕育能量。讓原先正在進行的行動暫時中止，透過暫時中止來形成區隔，讓原先持續進行的行動或狀態，有其他變化的可能性。

「禁忌」的特色不只是二元對立結構，還包含「有」／「無」相生的變動關係。例如月經期間的女性被視爲「污穢」，禁止參與重要的廟會、喜喪慶典，這種被視爲「污穢」對象的禁忌，卻提供婦女在人力吃緊的傳統社會裡，得以有「正當」理由，讓月經期間較疲弱的身體有休息的機會。再例如透過「封山禁水」、禁止殺生的禁忌，來讓被人類取用而耗損的大自然，暫時停止日常的經濟運作，而達到調養生息、重新繁衍的生機。

因此，禁忌一方面具有執行宗教權力對於「崇高」與「卑賤」界定秩序的維持。另一方面，在中元普渡儀式裡，也再次透過人對於神聖力量的「禁忌」區隔，讓人從區隔的狀態，再返回到區隔之前「神聖」與「禁忌」的根源，那個讓人恐懼與敬畏、難以測度的宇宙力量的顯現出來。

在台灣「陰」「陽」交感生成的宇宙觀裡，在月經中或生產時的女性、女性的貼身衣物、性行爲、屍體與家有死者的人…等等這些直接和繁衍（包括性行爲）或死亡有關的對象，被視爲處於相對於「陽」的「陰」狀態、處於不確定的能量關係中，被視爲相對於「潔淨」的「污穢」，形成二元對立的關係。但這不是絕對的二元對立，「陰」與「陽」、「潔」與「不潔」都是在變動中產生的相對關係。「過度」與「不及」的不和諧或衝突，是影響整體社會秩序與宇宙秩序的關鍵。這裡頭所包含的「非此即彼」的區分——尊卑、高下、潔與不潔的分類，曾經在傳統社會透過宗教權力與社會制度所設下的「禁忌」，在生活各層面嚴格執行。

「異己」的空間變成「我們」的空間

這些宗教信仰所賦予的「應許」與祝福、禁忌與懲戒，透過儀式結構，讓現場的**人、神、鬼**與**祭祀**的物體系，在被**區隔**出來的時間與空間中，產生「再一次」的能量集結、交換與交融。例如普渡一開始，透過豎燈篙的高度，以及放水燈的燈火所照亮的區域，來畫分普渡慶典的**時間**與**空間**場域。並透過燈篙豎立的高度來展現祭祀區域，以及祭祀者是否名實相符，具備精神上與物質上祭祀的準備（註11）。**鬼神無所不在，但是人們總是透過特定的時間與空間的象徵物，像聚光燈一般地聚焦定格，來作爲以「部份」與具體肉身，代替那對「無限」與「形而上」的祝聖心意。**

在普渡科儀進行過程中，則透過既定的經文誦讚，以及儀式中肢體語言所展現的神話敘事世界（「地藏王菩薩」或者「太乙救苦天尊」所展開的神話救贖敘事），揭示宗教救贖的權威與死後生命去向的安排（註12）。主禮者透過變食的儀式步驟——手訣與手印、符咒、法器，讓祭祀物打破原先聖俗區隔的關係，從世俗的物質性轉化爲具有和超自然界能量相感應的「聖顯」之物（hierophany）（註13）。**透過儀式的聖化，讓「異己」的、不確定、混沌的、有威脅的人——神——鬼的世界，轉變成「我們」可以掌握、安居的世界。**

這些普渡儀式裡的誦經版本儘管扮演重要角色，也一直是研究者渾身解數想弄到手的寶貝。但是由於誦經文本的內容與手訣早已變成宗教專業者密傳的知識權力，並未向信徒開放。一般民眾即使在現場專心傾聽，也很難理解誦唸的古文內容，無法跟隨經文誦懺，一起經歷靈性的赦罪與救贖過程。因此，透過文字符號與聽覺所揭露的神話救贖敘事，在普渡儀式現場，就轉變成以肉眼可見、感官優先的參與。

民眾看到的是道士變身爲「太乙救苦天尊」、或者僧人變身爲「地藏王菩薩」。透過他們的裝扮，以及壇場佈局所形成的儀式「舞台」或神聖劇場的時空氛圍，人們從既有的集體記憶裡，回到過去儀式結構的印象，讓大家相信這些宗教專業已經從人的身份，透過儀式轉換到「神明」的身份。基於對集體宗教象徵體系的認同，將貌似戲劇的扮裝遊

戲，視為和攸關共同體未來命運的赦罪祈福儀式。

就普渡慶典而言，**人們對於「我們」世界的轉化包含兩種層面。第一重是形而上的救度**：透過宗教儀式的淨化與度化，不只是消極的、外在可見的「禁忌」隔離，而是內化的自我超越，讓人與「鬼」超越貪、嗔、癡的欲望執著，以免彼此爭奪、無盡煎熬。**形而上的宗教科儀度化，再加上第二重「形而下」的慶典現場豐富的祭品，滿足肉身底層的感官欲望**。普渡慶典以超乎尋常、排山倒海般儀式份量，與娛樂節目同步進行的喧嘩、笑鬧，混雜著鞭炮聲、紙錢焚燒的煙塵、祭物氣味，加上擁擠、躁熱的身體與身體之間的碰撞。人與人、人與超自然之間的距離被拉近或濃縮了。（圖2）

在這樣的普渡現場裡，孤魂野鬼也不再是孤魂野鬼，變成「好兄弟」，以「群」、「複數」、不可見又仿若可感覺的想像，和來吃流水席的親友一樣，在共食同歡之際，不再是陌生敵對的威脅者。儘管，不確定性、無從捉摸是「鬼」的特色，但是人們總是透過將「我」心比「他」心，去完成轉化敵意、不確定、陌生的關係，成為有「交情」、對「我們」有利的世界。

圖2、金山普渡儀式，2007，陳少維攝、提供

祭物與普渡慶典

普渡慶典現場除了佛教與道教的普渡儀式外，最引人注目的是貌似無邊無際、包山包海似的供品。供品的擺設與種類按照舊慣習俗所制訂的象徵關係，貌似滿漢大餐的普渡供桌上豐盛的食物，並非神明、祖先、鬼與人一起同桌共食。擺在一起的祭品貌似共享，其實是共享裡遵循上下、尊卑、親疏的權力關係。**供品牽涉到：1）「吃」所具有的人際分享，以及2）動物本能佔有欲的滿足。還要再加上，3）牽涉到食物在宇宙觀的分類上，是否符合宇宙觀裡陰陽的調和生剋，以及4）透過「食物」作爲「禮物」，所進行的「交易」或交換(exchange)——現實人間與超現實「彼岸」之間的交易關係。**

「人間」與「彼岸」的交易

普渡慶典因爲祭拜對象的不同，所擺設的供桌形式也不同。因爲普渡請來的超自然對象包含高位階的天公、菩薩、三清、三界公、普渡公與其他神明，加上祖先與主角「鬼魂」（「好兄弟」），祭物與祭拜順序也按照祭拜對象位階的上／下、尊／卑，以及和人們關係的親／疏、遠／近來進行。祭品擺設分爲上／下桌、前／後桌或頭／尾桌（註14），祭品種類分爲：葷與素、生與熟／半生不熟。

祭品內容包含：豬、羊、雞、鴨、魚，全隻牲畜與部份（註15）、以及不同種類有待燒化的香火與紙錢。爲祭拜鬼魂所特別準備的生冷食品（罐頭食品、飲料、零食、沙拉油、泡麵、生海鮮、香菸…），滾水燙過的空心菜（爲怕招待不週的「無心」（空心）之過道歉），供桌下的臉盆放置新毛巾，旁邊或供桌上放置盥洗用肥皂、梳子、鏡子、花粉等用品（讓風塵僕僕、或者從地獄出來的鬼魂享用大餐前，先洗浴淨身）。

祭物的準備絕不只是物件本身，祭物的出現與否，牽涉到人對於「鬼」如何從「陰間」到「陽間」的肉身化想像。「鬼」現身慶典現場之後，如何按照人所設定的「待客之道」，來讓「鬼」領受人們的善意，以及善意背後透過神明對整場儀式秩序控管的警戒。**慶典貌似熱鬧同歡，卻仍充滿吉凶敵我的攻防機制，這樣的宇宙觀機制，涉及到多神信仰裡不同超自然力量之間的對應與互動關係，沒有絕對的平安與危險、絕對的敵人與朋友，禍福相依。**

「吃」是佔有、吞沒被吃對象的生物本能，但是將食物分享給別人，則代表善意與示好、以及透過「禮物」的意涵，繼續未來進一步的人際網絡的發展。至於願意「被吃」、被殺，更象徵著自我棄絕、或超越生存自我保命的本能上綱。**宗教慶典中祭物的象徵體系，模擬了傳統社會宴席裡尊卑親疏，透過「食物」的種類、料理方式、擺設與分配，所建立的人際關係與利益交換原則，以及人對於祭拜對象所投入的誠意與警戒、以及透過物質上的成本，來展現對於祈求之事的「投資報酬率」**。祭拜過後的食物分配，也包含加強親友之間人情關係的功能。

祭物在台灣一般的普渡慶典裡，並沒有具備超自然的能量，無法代表牲畜所具有的生命「整體」能量，轉換禍福給吃祭物的人。**作爲「食物」的祭物，它的神聖性不在於從動物本身轉換到人身上的生命能量的延續，而是透過儀式結構，透過祭物象徵價值的高低，成爲神明、祖先、鬼魂和人之間恩怨賞罰轉換的溝通媒介**。祭物來源和生活息息相關，作爲生存必備食物的象徵，人藉由祭物感謝人之外的力量，讓人戰勝無常與大自然的挑戰，延續生命，人吃食物，人也終究成爲大自然的食物，終就回歸作爲大自然生生不息韻律裡的一份祭物。

再者，雖然鬼神被視爲能影響人的命運，吉凶禍福的代價也超過祭物的交換價值，但是「獻祭」行爲意味著向強者諂媚、示弱…等倫理上的指涉。所以在普渡慶典上透過這種行爲，人們表明對於神明的尊重推崇，以及服從神明權威的意願，並祈求神明度化鬼魂。鬼魂因爲人們的獻祭與普渡儀式的救贖，獲得靈魂上解脫的機會。這種複雜的人和多重

圖3、台中建國市場中元普渡，2000，陳少維攝、提供

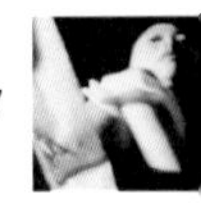

神聖力量之間的信仰，和一神信仰之間的絕對尊卑上下關係並不相同。這裡頭的多邊利害關係，讓人與超自然的神明、鬼、甚至祖先之間，都包含相對的友善與敵意的變動關係。（圖3）

這種人與超自然的關係，幾乎是現實生活利益交換原則的翻版。但在普渡慶典裡，卻同時還包含另一層透過宗教的解脫，來超越汲汲營營的利益交換。因爲那更大的「交換」，就是人、鬼藉由普渡慶典的儀式，可以跳脫這些「無明」的現實利害算計，找到解脫的自由。利益交換原則也可能變成反面的無止盡的「以牙還牙」累世復仇追殺令。

宗教主禮者所誦懺的經文內容，總是意味著透過放下欲望，看穿欲望爭奪的根源在於本來無一物的虛幻。藉此超越恩怨的枷鎖，達至解脫之道。但經文誦懺經常停留在宗教專業的形式主義，讓一般參與的民眾往往認爲救贖的對象與被宗教馴服對象是過往的亡靈，民眾反而在普渡其他可見的感官娛樂活動上，尋找暫時卸下生活重擔的笑鬧逗樂。

慶典暴力與本能揮霍

在普渡慶典中的獻祭物，往往只是人們爲神鬼願望交易下的犧牲者，成爲人們尋求超自然庇護的餽贈禮物，或是贖罪的代罪羔羊。動物的死後世界和人的死後世界一樣，都不是生命的絕對終結，而是被視爲具有「此岸」與「彼岸」的連續性。這些被宰殺的牲畜，在宰殺的當下，屠手往往透過投胎轉世的信念，祝福即將被殺的動物，靈魂前往更「幸福」的「來生」。這些一再發生的大量宰殺獻祭牲畜的作爲，並未受到像基督宗教對於耶穌作爲「獻祭」原型的暴力、罪惡、救贖之間的倫理關係。

宰殺牲畜並不包含在普渡慶典的正式儀式步驟之內，動物被宰殺只是爲儀式預備的程序，牠們變成了祭「物」，而不是牠們被迫爲人類犧牲生命的當下，成爲獻祭儀式的高潮。動物從農業社會到工商業社會的現在，已經不再像漁獵經濟生產模式裡，人和動物之間既對抗又相依存的親密關係。普渡慶典大量地宰殺豬、羊、雞、鴨、魚等——這些向來作爲日常主食的動物，以祭拜神鬼之名，儘管在儀式慶典扮演著「禮物」般的願望交換的作用，但牠們的死並未受到儀式性的特別對待（註16）。再加上一般人準備供品時，並未親自宰殺動物，即使有，也被視爲彷彿日常烹煮食物時的宰殺行爲。

René Girard說：「獻祭讓人得以發洩把最接近他們的活物殺死，卻不懼怕報復的殘酷本能。」（註17）就普渡慶典而言，相信因果輪迴的人們，並非以暴力終結動物生命。這些被殺的動物，並未扮演宗教道德上作爲犯罪者的「替代物」或贖罪代價。「殺生」者與「被殺者」都被賦予更根本的宿命因果輪迴。被宰殺的動物被視爲「前世」所作所爲，導致「今世」被宰殺的結果。這一切都在因果循環的宗教理念支配下，屠殺者無須感到施暴的罪惡感。暴力是大自然現象，但往往透過宗教，賦

予暴力社會性的合法化，包括對於動物的暴力與對於人的暴力。**宗教在暴力中找庇護，就像暴力在宗教中找出路**（註18）。**在慶典中的暴力意味著更大利益的交換，或者作爲生命自身揮霍耗損的本能機制**。

鬼魂的地位在神聖分類的秩序上，不及神明與祖先。神明與祖先在供桌上屬於「上桌」，種類上的「大」和「全」（一整隻）、五牲或三牲、美味菜餚的主食排場。鬼魂的祭品擺放在「下桌」、甚至「桌下」，看起來既非主食又非副食，反而像這兩者之外的食物屬性，例如點心、零食、原物料。但這些非主副食、非熟食的祭品，卻依然是普渡慶典裡最能展現食物種類多樣性的，而且隨著時代不同，產生材質與口感的不同變化（例如從傳統糕餅到時下流行零食）。**儘管祭品的食物分類裡，充滿階級尊卑、潔與不潔、親疏的限定，卻又因爲對鬼魂的威脅感、不確定性，以及邊緣人性格的投射，反而在「乾料」的範圍裡有更大的想像空間。**（圖4）

圖4、中元普渡，2006，陳少維攝、提供

人想像鬼需要人的幫助，讓人透過「鬼」來肯定人存在的價值；人透過「鬼」作祟於人，讓人找到爲何無法自我肯定的被迫害藉口。「鬼」是「多」與「匿名」、不確定的威脅力量，所以滿足這次的「鬼」、還有下次一樣或不一樣的「鬼」，人永遠無法「一次」就徹底完成人鬼之間和平互惠的關係。鬼魂被認爲在物質和精神上雙重飢渴與困乏，四處漂泊、無家可歸、甚至在地獄裡受盡嚴酷的折磨，根本無法進食。但這種痛苦卻有週期性暫時消除的機會，在短暫的「鬼月」慶典節期「假釋出獄」，透過神明的慈悲、網開一面，得以暫時在儀式規範下滿足「食慾」、甚至「色欲」。

祭物的「實用」美學

普渡慶典從「吃」的第一層祭物享受上，進入第二層從儀式祭典的勸說慰藉，雙管齊下，瞬間感官的飽足，暫時舒緩靈魂累世承擔的因果折磨。至於那些眞正的社會邊緣人，則往往在普渡儀式裡，也扮演著鬼魂「肉身」化的搶食，來獲得美食果腹的戲劇效果（註19）。慶典總是「過度」的、超出平時的狀態，透過比平時更嚴格的禁忌來作爲區隔。透過比平時「過量」的飲食分配、「更」歡樂笑鬧的陣頭與娛樂節目，來做爲滿足當下與寄望未來的想像藍圖。**正因爲鬼魂欲望的難以掌握，反而呈現出人們在又怕、又厭惡的拒斥心理因素下，賦予更多「食物」的想像力，來對抗與轉化「非我」的威脅。**

台灣農曆七月經常暑熱悶濕，需要長時間暴露在高溫戶外的供品，很容易腐壞。尤其人們認爲被鬼「吃過」的食物，更容易腐壞，彷彿病菌、污染源一般的沾染。人們將普渡祭拜鬼魂的食物介於「生食」與「乾料」的模糊地帶，目前食品加工產業蓬勃，在普渡慶典的供品，幾乎是零食、休閒食品的大集合。這些祭物不僅不會像傳統祭物，長時間暴露在戶外供桌上會壞掉，反而提供更多享受休閒加工食物拿取時的便

利性，以及祭拜過後新鮮度依舊的現實考量。

在生食／乾料的種類上：各式罐頭、烹調原料——薑與鹽（並稱山珍海味）、沙拉油、醬油、辣椒醬、沙茶醬、泡麵、綠豆與紅豆等），各式零食、生海鮮（例如放置大量冰塊的深海魚類、章魚、生蠔、魟魚、鐵籠裡的活鱷魚），飲料（茶、果汁、汽水、運動飲料、維士比、啤酒），檳榔、香菸（註20）。**人透過各種主食之外彷彿無所不吃的祭物類型，讓「鬼」的祭物展現前所未有的食物「生吃」尺度。這些包羅萬象的祭品，讓普渡慶典變成主食（神明與祖先）加上難以數算的零食、更像休閒（野餐、郊遊、烤肉）的吃喝玩樂。**

在施食儀式裡主禮者透過誦經、展示手印、使孤魂野鬼得以開喉變食，領受甘露法食。咒文與手訣、手印具有將祭物一化十、十化百、百化千的「少」轉化成「多」的象徵意涵。同時將祭物向台下投擲，引起民眾的搶奪。台下民眾爭相搶奪這些被祝聖過的、具有吉祥好運的祭物。雖然肉眼看不見鬼魂搶食，卻透過現場民眾熱烈呼應的肢體語言，演出了一場人鬼搶食的戲碼。

除了施食儀式的搶食，「搶孤」更是從清朝時期，就已經是台灣普渡的重要活動。《淡水廳志》〈風俗考〉記載：「持械守護謂之『壓孤』，鑼聲鳴則群起而奪，謂之『搶孤』，文武官弁必赴所彈壓。」（註21）、「豬、羊、雞、鴨砌成山塔，百盤品、海菜，羅列高臺。無賴之徒，爭相奪食，名曰『搶孤』」（註22）。馬偕在《福爾摩沙紀事》曾寫到搶孤的混亂場面「吼叫聲、咒罵聲、哀嚎聲四起，像是地獄的鬼叫…大家自顧自的搶食物…像瘋狗一樣搶來搶去…那些幾在外圍沒搶到什麼的，就渴望從搶得滿滿的人手中奪取食物」（註23）。

這種搶食祭品的習俗，一方面展現有經濟力的人們，從過去農業社會迄今的普渡慶典期間，不只是濟度施食給孤魂，也同時施食賑濟給那些被視爲現實社會裡孤魂野鬼所對應的社會邊緣人；另一方面也展現了慶典作爲帶有暴力的逗樂發洩的快感。在施食儀式進行的同時，旁邊的傳統野台戲、綜藝節目或是鋼管秀等餘興節目早已進行多時，也一起熱鬧助興或互相拼場，不只是刺激口腹之慾，還有視聽氛圍上的緊張與亢奮的笑鬧。這種人與鬼神之間的和好互惠，是從現實利益交換的經濟原則去模擬類比的，並非一般批評中元普渡的揮霍無度、鋪張浪費。這裡頭也把鬼魂的世界和人的現實世界緊密結合，死亡並沒有產生斷裂，死後的世界依然和活人的世界緊密相關。

在普渡慶典的場所四周，滿佈小吃攤、玩樂攤，香味四溢，和焚燒的香火與紙錢的煙塵、滿場祭品被暑熱悶燒的腥臭氣味，以及人山人海的汗水，不時傳來的鞭炮聲，伴隨著不同拼場歌舞秀和誦經麥克風高分貝音量，讓現場人潮經歷到前所未有的感官刺激。**每一個進入慶典人潮中的「我」，在如此強大紛雜的聲色刺激下，「我」的思想主體性逐漸被「我」之外的肉身與肉身之間、一波接一波亢奮的氛圍所吸引，但吸引中，卻依然還帶有保有自身警覺的界線，直到被排山倒海的一波波強大紛雜的聲色強行入侵，而進入「我」被匿名的「我們」所牽制、包圍、甚至暫時「忘我」的亢奮狀態。**

不只是眾聲喧嘩，每一種「喧嘩」都充滿視覺上的炫目與放大聲量，企圖入侵與佔領更大的感官版圖。人潮經驗到「爆滿」、卻無所適從的熱漲飽膩的欲望發洩，超過自身欲望發洩的極限，進入亢奮、忘我、擠在悶鍋一般的、匿名群體的共融。但終究在感官功能彈性疲乏中，失去辨別箇中差異的動力（註24）。

在多神信仰的人神關係裡，透過神明的擔保與仲裁，人可以用食物祭品與金銀紙的燒化，來消除人對於鬼、神、祖先或對於人的冒犯與過失，以及交換祂們的祝福。所以供品不只是同歡共享，而是作為上一次願望成全的酬勞，與下一筆交易的對價品。另一方面，人卻通過神明，來馴服鬼魂，讓鬼魂放棄恩怨，放棄對於人間的欲求，藉此來交換鬼魂下一輪的「幸福」。

普渡慶典結束時，所有插在供品與香爐上的香腳與「慶讚中元」三角紙旗必須抽離，並隨紙錢、大士爺一同送往焚化。香火是人與神明或

祖先之間的連結，但不屬於人與鬼之間（註25），隨著普渡慶典的結束，人與鬼之間的溝通也在儀式中透過所有相關祭物的燒化而結束。「燒化」既是由物質性向精神性的轉化，也同時是藉由物質性的銷毀，終結人與被祭拜的鬼魂之間在「這場」慶典期間的互動關係。（圖5）

圖5、新莊地藏庵普渡儀式，1992，陳少維攝、提供

「紙」是民間慶典的最愛

普渡慶典使用大量的紙製品。為何紙製品是民間慶典的最愛呢？紙製品是最便宜常見的仿製物。**透過廉價的紙製品，滿足人們對於形而上世界的金碧輝煌或者詭譎難測的物質界視覺想像。對於祭物的物質性價格，紙製品滿足了一再重複的儀式慶典，透過不斷地燒毀，來達到轉化物質界進入神聖界的需求。**

這些燒化的步驟，隨著不同的儀式功能，除了轉化有形到無形的象徵意涵之外，也意味著斷裂、拋棄的存在狀態的改變。紙製品可以透過手工精緻程度來區分價格的高低，但不管手工藝所下的功夫好壞、材質的繁複或粗簡，每一次慶典紙製品都將被徹底銷毀。因此每一次的製作即使和上一次完全一樣的製作模式，卻都是重新再造全新的物件。這種不斷複製與不斷燒毀的循環，和以機械複製後卻一再使用、直到耗損報廢的材質不同。

紙製品在儀式慶典中最重要的角色，一方面就是以小搏大、以「剎那」換取「永恆」，「仿造」與「再現」轉化現實界與神聖界，另一方面由於對於「鬼」的恐懼、厭惡、魅惑，讓人面對「鬼」的慶典時，對於祭祀物體系的使用方式也產生變化。普渡慶典的儀式用物都帶有拒斥、短暫使用、「拋棄式」的意味。

紙材在中元普渡裡，從一開始區分出慶典時間的豎燈篙上的旗幟與符咒，以及標示出儀式空間的壇場上的符咒，到紙紮神明（大士爺、山神、土地公）、安置神明的紙厝、安置鬼魂的紙厝與牌位（寒（翰）林所和同歸所）、金銀山、大士山、水燈、牽轙用的紙轙、各式的紙錢（註26）。

紙類的材質到底意味著什麼？如此脆弱、便宜、輕巧、卑微的物質性，卻又扮演著以小搏大、以假亂真、虛張聲勢、以及承擔最沈重祈求的交易籌碼。可以在視覺感官上富麗堂皇、光鮮奪目，又可以在瞬間燒化後，留下最少的殘餘。廉價的紙製品，短暫地爆量出現在慶典現場，

它們所具有的虛擬性、替代性或交換性的象徵功能，一旦慶典完成，這些相關祭物（紙錢、紙紮神明、紙厝、燈籠、各式符咒…）被焚燒殆盡。**「拋棄式」是它們存在的宿命，想留下來作紀念，反而成爲這種祭祀物的禁忌，它們一再以銷盡來證明它們存在的功能，方生方死，方死方生。**

喧囂、擁擠、躁熱、鋪張揮霍、煙霧（香火）瀰漫，沒有人注視這些稍縱即逝的紙製祭物，慶典沒有提供凝視與追憶的機會（不管是對亡靈、還是儀式現場的參與者或祭物），一切都快速地向四面八方衝撞、推擠、消散，所有正在變化中的慶典元素（包括宗教儀式與娛樂活動），總是「過量」，總是太匆匆，總是來不及、總是太擠太多、迫不及待地，被揮霍殆盡。總是像放煙火一般，瞬間同時照亮夜空，然後灰飛湮滅，總是等候下一次慶典的週期性再臨。（圖6）

圖6、金山普渡儀式，2007，陳少維攝、提供

「色情」表演與普渡慶典

「食」「色」在普渡慶典以及喪葬儀式的活動之中，展現和禁欲儀式在價值觀與肢體語言上互別苗頭的現象。慶典中的「食」「色」現象所展現的意涵，並不只是生理本能上的滿足，也不只是挑戰官方禁止公開從事「性」活動的尺度。**「食」「色」所具有的佔有、摧毀與瘋狂的暴力場，將普渡的「禁欲」儀式中「悔改」、「赦罪」的象徵，所交換的那些未來的幸福應許，提前到「此時—此地」表演現場的肉身快感上的滿足**。這種「食」「色」的快感，在民間信仰的慶典裡，並未受到民間信仰本身嚴格的禁止，禁止反而來自官方對於社會秩序控制的權力。

民間慶典關切的重心在於宇宙觀的屬性上是否和諧，是否透過和諧，而營造「雙贏」，人與神、人與鬼，都可以獲利，利益不是獨享，而是互利共生，落實在這群信仰者的生存戰場上。這些利益都是相對利益，因此不同的信仰共同體之間各擁其神，或者合作或者競爭。這裡的利益多半屬於這個區域性信仰共同體或家族性的利益。「神」和「鬼」的靈力並非固定不變，在現實生活戰場的測試下，興衰消長。在慶典上的歡愉笑罵、甚至打鬧的氣氛，只要沒轉變成鬥毆死傷的意外，都被視爲在生旺興隆的熱鬧喜慶氛圍之內。慶典所營造出來的亢奮生猛的感官快感，包含男性暴力與「性」發洩的外放式力量的展現。

普渡與「陰」能量

女性的身體、或者男扮女裝的女性形象，被視爲「陰」能量，相對於一般男性的「陽」能量。鬼魂與死後世界，在宇宙觀的範疇上也屬於「陰」能量。因此，在普渡或者喪葬儀式裡以女性形象爲主的娛樂與色情表演，就像對「鬼」的「乾料」祭物一般的具有分類上的呼應關係，並未被視爲需要「清除」或「拒斥」的禁忌。但在此，女性及其身體從

「不潔」與「污穢」的禁忌對象，轉變成公開的「慶典祭品」或商品化的「娛樂物」（註27），包含著以男性父權宰制爲主的娛樂活動，對於感官享樂的支配。

前文曾提及女性的月經與使用的貼身物件，被視爲「不潔」與「污穢」之物，必須加以隔離、排除，以免污染潔淨的慶典氛圍。女性之所以被視爲不潔，這裡頭包含傳統社會透過宗教禁忌對於女性生育力與「性」能力的控制。這些控制來自以男性爲主的父權社會，對於女性繁衍力量無法捉摸的恐懼，透過「繁衍」與「性」能力視爲私有財產，來加以控制，避免在慶典期間因爲感官亢奮的環境與氛圍，導致女人跳脫原先控制她性能力的規範機制。

當女性出現在傳統陣頭、電子花車，或者脫衣舞、鋼管秀的普渡慶典，或傳統喜喪場合時，她們所扮演的慶典角色，已經不同於作爲一般參與民眾的身份。在清代台灣的中元普渡慶典，就出現被視爲「淫」戲的娛樂活動：「七月中元，紮臺延僧道施食其上，至於更闌，擁觀者爭所施食，名曰「搶孤」，有亂毆至死者。又開場演劇，小伶流睞所及，名曰「目箭」，人必爭之，揮拳斃命，亦所時有。」（註28）那時代演戲者往往都是男性，男扮女裝千嬌百媚的乾旦。戲劇所表達的七情六欲，並非只是符合道德規範，娛樂節目對於現實社會的逗趣、調情、嘲諷，更是一般民眾歡笑與發洩的重要出口。

帶有性慾挑逗的娛樂節目，一直都是普渡慶典娛樂節目中製造笑料的重點。從廟會陣頭到傳統戲曲、現代歌舞秀，這裡頭所透顯出來的「過度」（超越慶典當時的社會規範尺度）的歡笑逗樂與「性」挑逗，隨著不同時代對於「性慾」控制的尺度而有變化。女性變成色情娛樂的主要表演者，也受到女性在社會分工的轉變。女性不再只是家庭主婦或以家庭爲主的勞動，女性離開家庭之外的工作場所，進入社會的分工職場，包括娛樂與色情產業的職場。（圖7）

在廟會喜喪慶典裡，色情表演的工作者是「祭物」嗎？還是他們和主持儀式的宗教人士一樣，都是擔任慶典活動形而上的精神世界和形而

圖7、金山普渡儀式，2007，陳少維攝、提供

下肉身感官世界願望實現的媒介呢？色情表演者像被屠殺的祭物嗎？還是擔任欲望與快感在此時此地啓動的「主禮者」呢？慶典的暴力與生命力包不包含透過支配與宰制，來達到某些人的「爽」呢？儘管普渡慶典被視爲同歡共享，但是在台灣的普渡慶典裡，總是帶有階級尊卑與男性爲主的權力關係。

「性」快感與「死亡」威脅

普渡慶典裡透過娛樂節目所呈現的笑鬧逗樂，**帶有透過「性」衝動所挑起的快感、以及澎湃鋪張的飲食、感官享樂所帶來的肉身生命力，來轉化那無所不在的「死亡」的毀滅性威脅**。慶典享樂的主體以男性爲主要的可見與不可見的觀眾（「好兄弟」被視爲男性鬼魂的通稱），以及以男性爲主要的消費來源（普渡慶典出資的主事者多數是男性）。若尋求感官玩樂與逗笑的欲望主體，被設計成以男性爲主體，那麼女性在此慶典現象中，可看出在這樣相對關係中，所具有的雙重象徵意涵。第一重是作爲男性享樂權力下被支配的性幻想對象，第二重是這種被支配卻和宇宙觀裡強調「陰」能量與「陰間」「鬼魂」屬性相契合。

女性的色情表演者並非只是在男性主導的慶典氛圍中被「物化」成刺激性慾的對象，女性在此代表屬於「陰」的能量場，在被支配的權力關係中，透過刺激男性性慾，而帶有撩撥現場的笑鬧亢奮，以及指向挑逗「性」慾後、接續的性交與繁衍的肉身本能想像。

色情的娛樂表演在普渡慶典的熱鬧氛圍中，轉移了死亡禁忌裡否定生命的威脅。這種公開表演的儀式性感染力，讓平時所服膺的羞恥感與道德尺度，暫時鬆綁。透過間接影射或直接「性」挑逗的言語或肢體動作，讓性慾從口語或肢體語言所產生的想像中，產生各種性幻想的加強作用。這樣的行動表演所產生的集體感染力，讓現場男性觀眾的身體感官，產生強大的亢奮與渴望佔有的快感。女性觀眾感受到表演者的演出魅力，當中引動了同性之間「性魅力」的較勁，以及潛在「情敵」的威脅。或者自覺有爲者亦若是，而興致勃勃；或者甘拜下風，或者逃避較勁，而成爲看熱鬧的第三者。這樣的女性情慾的引動與壓抑，將隨著女性經濟力的提升，以及女性慶典主事人的增加，而產生慶典情慾主體的轉變。

「性」娛樂透過激發侵略性的本能快感以及潛藏的性交、繁衍的「有」的想像延伸，這雙重的生命力激勵，來抵抗死亡禁忌的威脅。在普渡慶典裡的色情娛樂表演，帶有挑戰禁欲社會秩序的叛逆快感，但也帶有笑鬧逗樂氛圍混亂中的爽快。既有社會秩序的暫時鬆動，雄性或男性被壓抑的佔有欲與侵略性本能冒出來，在慶典現場的感官亢奮鼓動下，暴力傷害、互相毀滅的衝動，和身邊震耳欲聾的沖天炮爆裂聲抗瀣一氣。

普渡慶典帶給男性救贖、同歡、瘋狂、毀滅的快感，有別於宗教與道德上所標榜的服從於「節制」的穩定。**性快感將人對「死亡」與「鬼」的想像，拉向另一種禁欲主義之外，追求極限體驗的冒險，帶有難以名狀的佔有與自我毀滅的情感，超越既有認知範圍之外的危險詭譎，既令人恐懼、不安又厭惡，既充滿魅惑狂喜，又令人避之唯恐不及。**

不過，色情表演在普渡慶典果眞帶來男性在欲望上的「發洩」快感？或者同時也造成集體勃起亢奮後，因爲官方色情管制的尺度而再度被壓抑？普渡慶典的色情表演，表演者在舞台上貌似女神般被「聖化」，女舞者控制著現場和台下觀眾之間的情緒氣氛。眾目睽睽，除非出於節目主持人的設計，否則台上的色情表演，只能看不容觸摸。這種透過集體「看得到卻吃不到」、吊胃口的引誘，讓現場亢奮騷動，假借討好不可見的鬼，讓人鬼同歡的性幻想，在壓抑中發洩，發洩中壓抑。在國家權力禁止的張力下，短暫地踰越，達到「偷渡」的集體狂歡高潮。

末言——「再一次」以爆滿對抗虛無

普渡慶典的核心就是面對「死亡」、面對苦難無常的生命。「死亡」雖被藏到最深，但也正因爲有意識地迴避，更顯得無所不在。人們往往企圖將對於「死亡」的恐懼，加以僞裝改造，從自身所面對的死亡恐懼，由第一人稱「我」，變成第三人稱的「它」，從當事者轉變成旁觀他人之死的路人甲。更值得注意的是，面對死亡所造成的生命威脅——斷裂與虛無，普渡慶典採取的兩種貌似二元對立，其實都奠基在再來一次的「過度」能量展現狀態。

一方面「過度」是指將「他者」「無欲」化，透過宗教信仰相信死後可以改變生前功過的賞罰，透過經文誦懺的威脅利誘，企圖解消鬼魂的欲望、以「禁欲」或「無欲」的幻想，降低鬼魂對於現實的「我」的命運威脅。另一方面卻是通過「滿」、「過剩」來抵抗虛無。普渡慶典將「多元」、「多方壓寶」的策略，將斷裂、虛無與毀滅——這生命中最痛苦的恐懼、最幽暗的黑洞，透過不斷進行的救贖儀式、娛樂節目，以及堆積如山的食物，1+1+1+1+1…「我」所處身的所有周遭的力量，都一起串連、一起充滿「全世界」。這彷彿永遠也吃不完的豐盈幻象，以熱鬧沸騰、旺盛密集的感官刺激，在農曆七月的普渡慶典夜晚，以再一次「量」的爆滿，來對抗人類最難以戰勝的虛無與毀滅。

每一個參與在這場慶典裡的人，他的精神與肉身同時被這難以招架的感官刺激所震撼，被爆大量、擠在一起的慶典行動事件，一再入侵挑逗，人人像充氣球般地漲滿、感官亢奮，頓時不知何所來兮何所終。人與人之間被擠壓到肉身相貼相疊的距離，在這樣人擠人的肉身近距離裡，卻是既疏離又漲滿。慶典禁欲化的普渡儀式，意味著潔淨、節制本能、赦罪與救贖的生命狀態。但這樣的生命狀態也在震天嘎響的慶典現場，被嵌入肉身感官刺激，令人昏炫亢奮的嘉年華，繼續挑逗「食」、「色」佔有欲、唯我獨尊、自嗨的現場氛圍。和禁欲倫理矛盾地並存，甚至被轉化爲踰越道德禁忌的能量。

「鬼」是人踰越「死亡」、又對「死亡」恐懼與魅惑的投射；鬼是人的「自我」宛如「他者」最遙遠而陌生的盡頭。普渡慶典弔詭的就在於，不只是消極地將「鬼」視爲要消除的痛苦，「鬼」也同時意味著人對於感官快樂追求的欲望自身。**普渡慶典中無法被道德或社會規範所禁止的「性」娛樂活動，就從模擬或再現的神話救贖外，回到從最內裡的動物本能的生命力轉輪。**

將宗教所應許的未來幸福（靈魂得以回到宇宙秩序的和諧中），提前在當下，又渴望在當下將未來的應許與過去的回溯，同時濃縮、合而爲一。在緊迫有限的現實時空中，將時間與空間的象徵意涵拉到最大，將不可思、不可接近的死亡，轉爲可述說、可想像、可被符號化、可含攝交融在旺盛的生命激情中的戲碼。

本文的完成感謝劉韋廷先生與李峰銘先生在資料蒐集上的協助，以及陳主顯博士、許麗玲博士與蕭進銘博士對普渡「祭物」現象的意見提供。

＊本章注釋

1. 本文初稿曾以〈慶典現象與宗教想像—以中元普渡作為思考的連結點〉發表於中央研究院中國文哲研究所主辦「想像與自然」國際學術研討會，2008年11月29日。
2. 關於慶典時空與日常時空之間的差異，我認為Mircea Eliade所提供的聖俗的對立辯證性的闡釋，相當具有啟發性。Eliade的聖俗的對立辯證性包含兩方面：一方面顯聖之物可以是任何一件世間存有者，另一方面當「這個」存有者顯現出神聖特質之際，它既參與在周遭世俗之物的存在秩序，又與它們在價值秩序上區分開來。詳見〈神聖的顯現：重構艾良德（Mircea Eliade）宗教學方法論〉，頁34-38。
3. 莊子，《新譯莊子讀本》〈至樂篇〉（台北：三民書局，2002），頁233。
4. 布希亞(Jean Baudrillard)著，車槿山譯，《象徵交換與死亡》(L' échane symbolique et la mort)（南京：譯林出版社，2006），頁203-205。
5. 參見Arthur P. Wolf著，張珣譯，〈神・鬼和祖先〉(Gods, Ghosts, and Ancestors)，《思與言》，35卷第三期（1997），頁233-292，林美容〈鬼的民俗學〉，《台灣文藝》新生版第三期（1994），頁59-64、渡邊欣雄著，周星譯，《漢族的民俗宗教》（台北：地景，2000），頁111-135。
6. 《漢族的民俗宗教》，頁132。
7. 黃進仕，〈臺灣民間「普渡」儀式研究〉，南華大學哲學研究所碩士論文（2000），頁176-178。
8. 當「鬼」認同人所定下的道德規範或宗教教義，「知過能改」、作出比人更「聖賢」典範時，鬼就有成為「神明」的機會。反之，當神明違反道德權威、踰越原先神明的身份時，就被打成罪犯、乞求赦免的流浪神祇。神鬼尊卑的流動性，取決於對於整個社會對於道德秩序的嚴格控管，以及對這樣控管機制的內化。
9. 涂爾幹(Emile Durkheim)，《宗教生活的基本形式》(The Elementary Forms of the Religious Life)（台北：桂冠，1992），頁339。
10. 同上書，頁347-350。
11. 詳見李豐楙、劉還月、許麗玲合撰，《雞籠中元祭祭典儀式專輯》（台北：基隆市政府，1991）。根據我在台北蘆洲湧蓮寺2006年和2007年的中元普渡現場觀察。
12. 例如在《太上三洞神咒》所提及的〈沐浴亡魂咒〉、〈變衣咒〉、〈甘露法食咒〉、〈三光化食咒〉、〈普濟法食咒〉來薦拔亡魂，詳見蕭登福，《太乙救苦天尊與道教之地獄救贖》（高雄：九陽道善堂，2008），頁47-48。
13. Mircea Eliade, Patterns in Comparative Religion. Trans. by R. Sheed (New York: Sheed & Ward, 1958), xii.
14. 《雞籠中元祭祭典儀式專輯》，頁86，根據我在台北蘆洲湧蓮寺2006年和2007年，以及台中市建國市場2004年與2008年的中元普渡現場觀察。
15. 《雞籠中元祭祭典儀式專輯》，頁86-95。
16. 參見十九世紀後半彰化詩人陳肇興的〈到鹿津觀水陸清醮普渡〉：
    沸天鑼鼓徹宵喧，一片靈風閃彩幡；十字街中人似織，不知何時著孤魂？（八首之一）
    萬枝燈火綺宴開，金錢如山化作灰；此夕酆都永不夜，鬼門放過綠衣來。（（八首之二）

狼籍杯盤等布金，給孤園裏肉成林；不知一例談功德，可有慈烏反哺心？（八首之三）
新開殺戒禮金仙，人自茹蔬鬼逐羶；一樣無辜皆就死，雞豕終古怨西天。（八首之六）
http://cls.hs.yzu.edu.tw/cp/BIN/TI_MAIN.asp

17. René Girard, Violence and the Sacred (La Violence et le sacre). Trans. by P. Gregory (London: The Athlone Press, 1995), p. 13.

18. 同上書，頁24。

19. 陳緯華，〈記乙亥年「雞籠中元祭」〉，《台灣文獻》（1997.03），第四十八卷第一期，頁168。

20. 以上供品種類根據我在2004年和2008年在台中市建國市場的現場觀察。

21. 《淡水廳志》卷十一：考一風俗考（台北：遠流，2006）頁395。

22. 臺陽見聞錄/臺陽見聞錄卷下/時令/中元147 http://www.sinica.edu.tw/ftms-bin/ftmsw3?ukey=17072141&rid=1

23. 馬偕(George Leslie Mackay)，《福爾摩沙紀事》(From Far Formosa)，林晚生譯（台北：前衛，2007）頁120-121。

24. 這種慶典氛圍傳神的寫照，參見本書〈形可形，非常形─黃進河視覺美學〉藝術家黃進河的畫作。

25. 《雞籠中元祭祭典儀式專輯》，頁92；〈臺灣民間「普渡」儀式研究〉，頁175。

26. 詳見陳品秀，〈台南市糊紙工藝研究〉，成功大學藝術研究所碩論（2002），第一章。牽轙是一種特殊的招魂祭祀的儀式，通常在大普渡前一夜舉行。「轙」是一種紙糊圓柱形的法器，可區分為血轙和水轙兩種，前者在超度死於難產的婦女或死於車禍者，後者則在超度死於水難者。牽轙儀式先由亡魂的家屬加以祭祀，然後由道長進行起轙，一一轉動轙身。經過一番轉動之後有時亡魂會附在家屬身上，以述說其未完的心願。儀式最後則由道長進行倒轙，由道長手持禪杖將轙一一打倒，最後再將轙集中加以火化結束儀式，引自http://grappling.e-land.gov.tw/。我曾經在2006年和2007年台北蘆洲湧蓮寺，以及2010年台北大龍峒保安宮的中元普渡看到牽轙儀式。

27. 張世雄，Gender Question in Folk Religions of Taiwan，《東海學報》36卷(1995)，頁103-120；〈電子花車、民間宗教與性道德的矛盾〉，《思與言》33(3) 1995，頁129-159。

28. 臺灣文獻叢刊資料庫，臺灣文獻叢刊一九《海東札記》卷三記氣習，頁28。此外，再例如：「其壇外則梨園歌唱，百戲鏜鞳，緣橦者、弄猴者、吞刀吐火、喝雉呼盧者，各以技奏。但見萬人如海，豕突狼奔，算不盡恆河沙數，盛哉！夜漏三鼓，焚冥帛送神」（臺灣文獻叢刊/三六 臺灣紀事/卷一/紀臺地盂蘭會，頁26）。

國家圖書館出版品預行編目(CIP)資料

慶典美學／王鏡玲.—初版.
臺北市：博客思2011.08

ISBN 978-986-6589-41-6(平裝)

1.民俗 2.風俗 3.美學 4.臺灣

538.833 10014086

慶典美學

作 者：王鏡玲
編 輯：吳寧馨
美編設計：涵設
出 版 者：博客思出版事業網
發 行：博客思出版事業網
地 址：台北市中正區重慶南路1段121號8樓之14
電 話：(02) 2331-1675或(02) 2331-1691
傳 真：(02) 2382-6225
E-MAIL：lt5w.lu@msa.hinet.net或books5w@gmail.com
網路書店：http://store.pchome.com.tw/yesbooks/
http://www.5w.com.tw、華文網路書店、三民書局
總 經 銷：成信文化事業股份有限公司
劃撥戶名：蘭臺出版社 帳號：18995335
網路書店：博客來網路書店 http://www.books.com.tw
香港代理：香港聯合零售有限公司
地 址：香港新界大蒲汀麗路36號中華商務印刷大樓
C&C Building, 36,Ting, Lai, Road, Tai,Po, New,Territories
電 話：(852) 2150-2100 傳 真：(852) 2356-0735
出版日期：2011年8月 初版
定 價：新臺幣580元整（平裝）
ISBN：978-986-658-941-6